北京语言大学梧桐创新平台项目资助
（中央高校基本科研业务费专项资金）（项目批准号：19PT02）成果

翻译跨学科研究

第二卷

INTERDISCIPLINARY STUDIES ON TRANSLATION AND INTERPRETING

荣誉主编：李德凤
主　编：许　明
副主编：王建华

中国出版集团
中译出版社

图书在版编目(CIP)数据

翻译跨学科研究. 第二卷/许明主编. —北京：中译出版社，2022.9
ISBN 978-7-5001-7148-5

Ⅰ.①翻… Ⅱ.①许… Ⅲ.①翻译学—文集 Ⅳ.①H059-53

中国版本图书馆CIP数据核字（2022）第133527号

出版发行/中译出版社
地　　址/北京市西城区新街口外大街28号普天德胜大厦主楼4层
电　　话/(010) 68359827，68359303（发行部）；68359725（编辑部）
邮　　编/100044
传　　真/(010) 68357870
电子邮箱/book@ctph.com.cn
网　　址/http://www.ctph.com.cn

责任编辑/刘瑞莲　杨佳特
封面设计/潘　峰
排　　版/北京竹页文化传媒有限公司

印　　刷/北京玺诚印务有限公司
经　　销/新华书店
规　　格/787毫米×1092毫米　1/16
印　　张/10.75
字　　数/208千字
版　　次/2022年9月第一版
印　　次/2022年9月第一次

ISBN 978-7-5001-7148-5　定价：50.00元

版权所有　侵权必究
中　译　出　版　社

编 委 会

特邀顾问: 李宇明
荣誉主编: 李德凤

主　　编: 许　明
副 主 编: 王建华

编　　委（按姓氏拼音排序）:

陈国华（北京外国语大学）　　　　高明乐（北京语言大学）
黄忠廉（广东外语外贸大学）　　　康志峰（复旦大学）
李正仁（上海外国语大学）　　　　李正栓（河北师范大学）
刘和平（北京语言大学）　　　　　覃江华（华中农业大学）
王斌华（英国利兹大学）　　　　　王传英（南开大学）
王立非（北京语言大学）　　　　　许明武（华中科技大学）
许文胜（同济大学）　　　　　　　张法连（中国政法大学）
郑淑明（哈尔滨工业大学）　　　　朱振武（上海师范大学）

学术编辑:
李秀英（大连理工大学）
吴文梅（厦门大学）

目 录

翻译跨学科研究

新媒体语境下译者的法律责仕和法律意识 ⋯⋯⋯⋯⋯⋯⋯⋯⋯⋯⋯⋯⋯⋯ 张法连 3
符际翻译视角下中国传统文化的国际传播
　——以李子柒短视频为例 ⋯⋯⋯⋯⋯⋯⋯⋯⋯⋯⋯⋯⋯⋯ 孙新容、刘　猛 15
歌曲翻译可唱性提升策略研究 ⋯⋯⋯⋯⋯⋯⋯⋯⋯⋯⋯⋯⋯⋯⋯⋯⋯ 张　晔 27

翻译理论

翻译本体研究之研究 ⋯⋯⋯⋯⋯⋯⋯⋯⋯⋯⋯⋯⋯⋯⋯⋯ 孙剑峰、顾俊玲 41
林语堂中国翻译美学体系的构建 ⋯⋯⋯⋯⋯⋯⋯⋯⋯⋯⋯⋯⋯⋯⋯⋯ 孙一赫 50
戈夫曼框架理论视阈下新冠肺炎诊疗口译研究 ⋯⋯⋯⋯ 王非、晁旭安、任徽、任潇潇 62
从霍克思《红楼梦》译本看内译译者的双文化自觉 ⋯⋯⋯⋯⋯⋯⋯⋯⋯⋯ 张习之 74

翻译技术与本地化

学生译者译后编辑能力培养研究
　——以经济类文本为例 ⋯⋯⋯⋯⋯⋯⋯⋯⋯⋯⋯⋯⋯⋯ 于泷、杨宸、许明 87
基于 Déjà Vu 的 MTI 工程翻译语料库建设与应用 ⋯⋯⋯⋯ 鲁军虎、邵锋、乔刚民 99

翻译实践

《抗击新冠肺炎疫情的中国行动》白皮书中评价资源的英译研究 …… 郑贞、杨洛茜 115

民歌《敕勒歌》及其英译的经验纯理功能对比研究 ……………………… 程华明 130

藏族人名、地名英译规范探析 ……………………………………………… 谭益兰 143

"基层干部"的英译辨析 …………………………………………………… 孙玉风 151

翻译跨学科研究

新媒体语境下译者的法律责任和法律意识

中国政法大学　张法连[①]

【摘　要】 新媒体的兴起极大改变了人类信息的传播方式，低劣的信息传播有损中国的国际形象，加强新媒体时代的翻译治理，打造强有力的域外传播翻译队伍刻不容缓。本研究发现，在新媒体语境下，译者要提升自己的"法律责任感"和"法律意识"，以勇于担当翻译"法律责任"的态度，苦练内功，站稳立场，严谨表述，知彼知己，以保证翻译质量、提升传播效率。新媒体时代只有依"法"翻译，才能让中国故事传播久远。

【关键词】 翻译；新媒体；传播；法律责任

引言

当今世界正经历百年未有之大变局。洞察国际国内大势，新时代的中国正经历一场空前绝后的大考验。全球抗疫，世界充满诸多不确定因素。新媒体时代，纷繁复杂浩如烟海的信息扑面而来，正考验着我们的视听觉超负荷承载能力。此情此景离不开翻译，翻译活动由此变得越来越丰富，越来越重要，也越来越纷繁复杂。必须指出，参差不齐的翻译质量、鱼龙混杂的翻译作品的对外传播严重损害了中国的国际形象。加强翻译治理研究，发扬"法律"翻译精神，明确翻译历史使命，提升译者的法律责任感和法律意识，依"法"从事翻译活动，为促进中外文化交流、中外文明互学互鉴，推动构建人类命运共同体做出贡献，地嫌势逼，刻不容缓。

[①] 张法连（1969— ），教授、博士生导师，研究方向为法律语言与翻译、法治外交、美国研究。邮箱：franklaw168@163.com

一、厘清翻译内涵，正视翻译活动

中国的改革开放，对于翻译学界而言，具有特别重要的意义，因为开放的精神，就是翻译的精神诉求。打破隔阂，开阔视野，促进理解与交流，拓展思想疆界，增进不同民族文明的互学互鉴，丰富与繁荣世界文化，是翻译的价值所在（许钧，2018：524）。正是通过翻译，在五四运动前后，新语汇、新观念的引进，给人们打开了视野。

长期以来，我们对翻译的理解认识一直停留在两种语言文字的转换层面，阻碍了对翻译作品的正确评价，严重影响了传播效果。翻译是超学科的概念，是一种跨文化交际。翻译的使命就是要促进不同民族、不同国家之间有效的跨文化交际（谢天振，2016）。关于翻译的重要性与复杂性，豪斯认为，"翻译在当下多民族与多元文化语境中的重要性，已广为人知"（House, 2016: 28）。刘禾也指出："不同语言在翻译活动和跨语际的实践中发生的交往是历史进程中至关重要的一部分。今天，若是不充分考虑到不同语言之间发生的历史性交换活动的复杂性，就无法进行跨文化的研究。"（刘禾，1999：30）不仅如此，"我们的信息是以多元的、显性的和隐性的方式在传递，而且这些方式之间还存在着权力关系的不平等"（Fong, 2007: 149）。刘禾提出了"跨语际实践"的概念：跨语际实践的研究重心并不是技术意义上的翻译，而是翻译的历史条件，以及由不同语言间最初的接触而引发的话语实践。"总体而言，我所要考察的是新词语、新意思和新话语兴起、代谢，并在本国语言中获得合法性的过程。"（刘禾，1999：35）

在新的历史时期，新媒体语境下的翻译活动越来越呈现出多维度特征，翻译在其路径、形式、方法、内容和功能等方面发生的深刻变化使翻译研究和翻译实践不断面临新的挑战，也促使译学界对翻译基本问题进行重新认识与思考。对外翻译是融通中国话语和国际话语的"转换器"，是构建对外话语体系的"最后一公里"（胡安江，2020：44）。人类命运共同体理念在西方的影响力和传播效果如何，一个重要的因素就是能否塑造对他们有吸引力的对外话语表达，用外国人能听得懂且可以深入人心的话语，来讲述中国的智慧理念。面对翻译在新时代和新技术下的种种变化，我们应准确把握翻译的本质，立足于对历史事实的考察，科学地为翻译定位，充分认识翻译内涵，切实从思想上正视翻译活动。

二、依"法"从事翻译活动，杜绝低劣翻译

我们提倡依"法"从事翻译活动。这里的"法"指"法律责任感、法律意识、法律精神"。新媒体语境下的翻译活动处于一种无序状态，低劣翻译现象日趋严重。不少人以为学过外语，就能做翻译，想当然、随意翻译的现象比比皆是。翻译的目的是"让中国走向国际，让世界了解中国"，要想提高对外传播的效果，改进翻译质量是首要任务。

习近平总书记在2016年党的新闻舆论工作座谈会上指出："就当代中国而言，我们在国际上有时还处于有理说不出、说了传不开的境地，存在着信息流进流出的'逆差'、中国真实形象和西方主观印象的'反差'、软实力和硬实力的'落差'。"（习近平，2017:149）之所以出现上述的"逆差""反差"和"落差"，除了东西文明和意识形态的冲突以及西方社会对于中国话语的先天偏见之外，翻译能力与传播能力自身的问题不容回避。

众所周知，中国特色对外话语体系能否赢得国际社会的普遍认可，最终取决于我们是否掌握话语权，是否具有强有力的话语体系。然而，中国国际话语权的赢取，不仅仅取决于国家的硬实力，很大程度上也取决于中国话语在对外译介与传播过程中的认识论与方法论选择，以及各种话语变量在此过程中的协调与配合。因此，如何实现"中国知识""中国智慧"的世界表达与阐释（魏向清、杨平，2019:97），如何切实有效地做好新媒体语境下的翻译传播，意义重大，影响深远。

以我国对外宣传的重要窗口——政府网站为例，这些网站的英文版虽然开办以来受到不少好评，但其中存在的问题不容小觑，尤其是译文质量问题，"中国式英语"严重地影响了对外宣传的质量和效果，不利于实现让世界了解中国，也不太符合我国正在日益提高的国际地位。有专家分析了我国四大中央级英文网站在对外传播中存在的问题，包括自创新闻少，稿件翻译质量有待提高，在传播理念上存在正面报道过多、不符合境外受众心理等的偏差。

为了有效构建中国的国际形象最终推动人类命运共同体的构建，译者要树立强烈的法律责任感来对待翻译活动。

三、译具法律责任，文定质高传人

构建中国的对外话语体系离不开高质量的翻译。为了树立中国的良好国际形象，提高中国国际话语域外传播效率，译者要有高度的法律责任感从事对外翻译。态度决定高度，对外翻译工作者要苦练内功，站稳立场，严谨表述，知彼知己，方能百战不殆。

（一）端正态度，佳译可期

林语堂指出，翻译上的问题不外乎是译者的心理及所译文字的两样关系，即语言文字及心理问题（林语堂，1984：287）。人格是人在社会活动中的外在表现，也是人在一定的生理机制作用下的一种稳定的心理活动的内在表现（任俊，2006：210）。童成寿通过实证研究得出，译者人格特征排在前十位的依次是认真严谨、细心、有文化意识、敬业、用心、善于思考的、有责任感、勤奋刻苦、谨慎、勤学好问（童成寿，2019：53）。对外翻译作为翻译的一个特殊领域，其译员需兼备上述人格特征，尤其要强调的人格特征是一定要有法律责任意识，可体现为爱岗敬业、有责任感、用心负责的职业态度。对外翻译译员承担着更多的责任和义务，必须端正职业态度，形成爱岗敬业的翻译译者人格。这不仅有利于提升自身的专业素质，而且对整个翻译活动的全过程都会产生直接的影响。

首先，保持认真严谨、有责任感的职业态度。在管理心理学中，态度是个体对某一具体对象的较为持久而一致的心理和行为倾向（殷智红、叶敏，2011：45）。只有内化于心，才能外化于行。因为主观的态度往往直接影响客观的对外翻译实践，所以态度问题在对外翻译实践中至关重要。日本翻译家藤井省三为准确翻译莫言小说里的"豆虫"，日本翻译家吉田富夫为准确翻译莫言《丰乳肥臀》中的"过堂""掏灰耙"，都特意从日本前往莫言的家乡进行调查研究（王尧、莫言，1999：241-242，转引自蒋骁华，2017：22）。这背后反映的就是译员认真严谨、有责任感的职业态度。在语言和知识水平差不多的情况下，认真负责、字斟句酌的译员与草草了事的译员相比，译文质量大相径庭（彭萍，2013：180）。对外翻译不是简单地依靠查阅词典就能完成的，而须结合具体的语境，并通过大量的检索查证。有时候一个词的翻译就需要花大量时间和精力去检索和求证。认真严谨、勇于负责的态度是确保翻译质量的前提。

其次，树立对翻译的敬畏意识。新时代背景下，翻译者面临诸多利益选择。在利益面前，译者一定要端正态度，切勿急功近利，要以国家尊严、民族利益为重。当自己能力不能胜任对外翻译的时候，要果断拒绝翻译，切不可敷衍塞责，胡乱翻译，害人害己。

爱岗敬业的译者人格是一种内心自觉，很难量化且有些许抽象。但正是其抽象性可以指导很多具体的翻译行为。其主旨是要求译者对翻译背后所传递的信息负责，而并非机械地、教条地恪守条规。这需要译员在爱岗敬业的译者人格指导下，根据不同的翻译内容判断出其对即将发生关系的主体可能产生的法律意义。

沸沸扬扬的"孙杨禁赛案"与翻译有关。听证会上，孙杨的"现场翻译"错译百出，严重影响了案件审理进展。首先，译员根本无法传达孙杨的意思，没能把他的表述清晰准确地转达给法官。其次，翻译一字字往外蹦的表达方式，消耗时间。翻译耗时基本上是孙杨发言耗时的三倍。另外，翻译的不流畅还打乱了孙杨的发言节奏。在这场庭审中，本该非常重要的翻译，成为了庭审中最薄弱的一环。各大国际媒体都报道了听证会上糟糕的翻译问题。多位专家表示：翻译带来的影响和后果或许是致命的；在刑事和纪律处分程序中，翻译不当有时候会直接影响当事人的基本权利，有时这种影响是无法弥补的。

痛定思痛，这场本可避免的翻译风波，更多的是源于孙杨及其团队对翻译的漠视。在面对关乎其职业生涯的国际场合，孙杨和团队居然没有提前核查译员的翻译水平。这也从侧面清晰表明，在我国很多的对外交流中，翻译的价值和重要性被严重低估了。

轰动一时的"南海仲裁案"更是因为翻译的错误导致国际舆论误读中国。准确、严谨是法律术语翻译的灵魂（张法连，2016：56）。可仲裁前后，荒唐的翻译却是如出一辙，如FT中文网刊载的译文，将PCA张冠李戴成了"国际仲裁庭"（"国际仲裁庭"和PCA毫不相干）；随后又称"海牙的'国际法庭'对菲律宾针对中国领土主张提起的仲裁案裁决在即"（"国际法庭"与PCA性质截然不同）。正如衡孝军等指出的那样，对外翻译是一种"处心积虑地加以利用的"对外传播形式（衡孝军，2011）。此类乱译，若非出于某种政治或舆论目的，便是不负责任，实乃翻译之痛。

（二）苦练内功，目标"精准"

汉语言功底是经常被忽略的，翻译毕竟涉及两种语言之间的转换，对两种语言的熟练程度要求很高。母语水平是翻译能力的天花板。因为母语的理解出现偏差而导致的翻译错误举不胜举。德国著名汉学家顾彬认为，中国当代翻译的最大问题是母语的水平问题。

众所周知，在众多门类的翻译中，法律外交类翻译的标准最为严格，这是法律外交类翻译内容决定的。为了保证对外翻译传播的效果，应该用法律外交翻译的标准来要求对外翻译（当然，对外翻译内容其实也包括很多法律外交相关内容）。

精准是法律外交类翻译的最高目标。尽管对外翻译内容并非都是法律外交文本，但对待翻译的要求标准不能降低，精益求精，反复斟酌的译文传播效果自然完胜。以十九大报告中的新的表达式为例，请仔细比较下面的翻译，version 2 要比 version 1 准确严谨得多。

表 1　法律外交类术语翻译对比

中文	Version 1	Version 2
政治生态	political environment	political ecosystem
与时俱进	keep up with the times	move with the times
综合国力	overall national strength	composite national strength
同胞	compatriots; fellow country men and women	fellow Chinese

关于特朗普和美国政府命令美国企业必须从中国搬回美国的消息，经过国内媒体的传播报道，招来骂声一片，甚至还有专家解读，说是美国政府和日本政府合谋坑害中国的计划。追根求源，这其实是白宫经济顾问委员会主任在 Fox 节目中，被观众提问"如何减少美国制造业对中国依赖"时，做出的回答：

> *I would say 100% immediate expensing across the board. Plant, equipment, intellectual property, structures, renovations — in other words, if we had 100% immediate expensing, we would literally pay the moving costs of American companies from China back to the U.S..*

很多自媒体把这句话翻译解释成美国政府愿意支出 100% 的直接费用，包括厂房、设备、知识产权、搭建、翻新在内，这样就"等于政府为企业回流美国埋单"。这样翻译，其实是对"100% immediate expensing"这几个关键词的误读。"expense"作为名词，的确是支出、费用的意思，但这里加了"ing"，表示"expense"是用作动词，它的意思不是花费掉多少钱，而是财务专业术语，表示企业将一些支出项目作为费用，可以抵扣应税总额，从而来帮助企业减少税负。"expensing"可以译成"费用化"，企业可以在财务上对这部分金额进行税前列支。这么做可以让企业少缴税。这里的"immediate"，也不表示"直接的"意思，而是财务术语"当期"，即"当前会计年度"。所以这两个词连在一起，再加上100%，就表示美国政府允许企业，将从中国迁回美国所发生的所有成本，在当年进行100%的费用化处理。而且，还要注意句中的虚拟语气，"if we had 100% immediate expensing, we would…"，这表明，政府的政策只是在酝酿之中。转译到国内的许多自媒体上，却变成了板上钉钉的"白宫要求美企撤离，政府全额买单"。

（三）把握内涵，站稳立场

对外翻译上升到国家政治层面，具有高度的政治敏感性，对外翻译者应该站在国家立场上，明晰翻译内涵，沉着应战才能收到预期的传播效果。类似把"新兴大国关系"译为"A New Type of Great Power Relations"，之所以产生某种认知上的质疑和曲解，东西方文明的冲突是主要原因，但更重要的是我们没有建立起对外传播翻译话语体系。外交部原副部长傅莹在介绍"新型大国关系"的翻译背景时说，美国智库习惯用"great powers"来表达"大国"概念，而其在中文里通常被译为强国甚至强权。在中国，大多数人并不认为中国现在已经成为世界强国，更不认同强权政治。外交部采用"major country"译法对"大国"二字赋予了不同的政治内涵，旨在表明中美不走大国对抗的老路。外交部对美国政界、新闻界和学术界开展了三位一体的译名推广与传播活动，始终将"新型大国关系"统一译为"a new model of major country relationship"。"新型大国关系"创新译法有重要的现实意义：一方面，"新型大国关系"创新译法具有重要的外交战略意义，有力地提升了中国国际话语权。另一方面，"新型大国关系"创新译法具有重要的国际学术价值和语言学意义。（杨明星，2015：47）

如何翻译"习近平新时代中国特色社会主义思想"？下面的问题都是译者翻译过程中应该想到的：

Xi Jinping/Xi Jinping's?

New Time/New Age/New Era?

Chinese Socialism/Socialism with Chinese Characteristics?

Thinking/Theory/Thought?

For/of/in a New Era?

经过反复斟酌，可以译成："Xi Jinping Thought on Socialism with Chinese Characteristics for a New Era"。

再比如，关于"中国南海"的英译法。十九世纪中期，西方国家对中国南海就有了一致的认可，称之为"China Sea"，直到二十世纪五十年代左右都未有任何疑义。但南海周边国家后来在标识地理位置时，推崇使用"South China Sea"，甚至

"South Asia Sea",而逐渐淡化"China Sea"。换言之,国际公认的政治性表述"China Sea"就是指"中国南海",而不宜从地理角度弱化翻译成"南中国海"。但国媒不明"South China Sea"翻译背后的政治陷阱,将其译播为"南中国海",实为率尔操觚。这为后来的"南海仲裁"埋下了祸根。

(四) 规范统一,严谨表述

对外翻译的表述规范统一应该成为一条铁律。2020年1月到世界卫生组织为新型冠状病毒肺炎(COVID-19)定名前,国内很多媒体没有法律意识,报道的名称五花八门,有说"武汉肺炎""武汉病毒"的,也有说"武汉肺病""武汉传染病"的,甚至还有说"湖北瘟疫""湖北非典"的。当时这些说法"译名"的广泛传播为后来某些国家和个人污名化中国提供了口实。这个血的教训我们必须要汲取。

我国全国人大常委会会议一般译为"meeting",大会会议译为"session";法律修改(带修改决定的)用"amend",修订用"revise"。但是目前许多译本中这两个词的使用正好是颠倒过来的(如:"根据关于修改XX的决定修正"可能就误译为"in accordance with the Decision on Revising …")。关于罚款金额,要统一使用"not more than RMB XX yuan but not less than RMB XX yuan"的表述方式。其他涉及人民币的表述请统一译为"RMB XX yuan"。关于法律生效时间,要统一译成"This Law shall go into effect/come into force as of …"

再比如与我国台港澳地区相关的表述及译法,一定遵守下列原则:台湾是我国现行行政区域序列中的省,新闻报道中通常称其为台湾地区(the Taiwan region)。对外翻译中必须注意避免"一中一台"的误读:台湾与祖国大陆(或大陆)为对应概念,根据语境可使用"China's mainland(Chinese mainland)and Taiwan region, the mainland and Taiwan of China"或"the mainland and Taiwan",其中中国大陆不能译为"mainland China"。不能将中国与台湾并列(China and Taiwan);在表述大陆和台湾官方时,不能使用"Beijing and Taipei"。台湾问题译为"Taiwan question",不用"Taiwan issue"。"一个中国政策"译为"the one-China policy";"九二共识"译为"the 1992 Consensus"。台湾的英文名称不用葡萄牙人所用的旧称"Formosa"(福摩萨)。引用历史文献中使用时需要加括注:"Formosa"(present-day Taiwan, China)。提到台湾人(居民)时,使用"Taiwan residents"或"people in Taiwan",不用"Taiwan people","Taiwanese"等有"人民"内涵的表述。香港的英文为"Hong Kong",缩写为HK,也可使用"Hongkong"的拼法,但同一出处须保持一致。澳门的英语译文为"Macao",不使用葡萄牙语"Macau"。

另外,我国通用语言文字是普通话和规范汉字,其对应的英文分别为

"Putonghua"和"Standard Chinese"（characters）。在特指中国通用语言时，可以使用两者结合的方式表述："The national language of China is Standard Chinese（Putonghua）"。一般情况下使用"Chinese"就可以。不用"Mandarin"作为汉语或普通话的译文。少数民族译为"minority ethnic groups"，不译为"minority nationalities"。东北、华北等区域译为"northeast China""north China"，前面方位字首字母小写。"一带一路倡议"译为"the Belt and Road Initiative"，首次出现要注明全称："namely, the Silk Road Economic Belt and the 21st Century Maritime Silk Road"。可视情况使用"the land and maritime Silk Road initiative"，不能译为"strategy"（战略）。我国山川河流等地理名称原则上专名部分使用汉语拼音拼写，但黄河（the Yellow River）、长江（the Yangtze River）、珠江（the Pearl River）等约定俗成的译法和雅鲁藏布江（the Yarlung Zangbo River）、帕米尔高原（Pamir Plateau）等少数民族名称译法应保留。中国陆地领土面积960多万平方公里，翻译时应明确译出"陆地领土"（land territory）。

（五）知彼知己，百战不殆

对外传播在从面向国内转向西方说服对象时，所要求的是一种"再构思""再表达"和"重构"，而不是一般意义上的翻译，知彼之文化甚为关键。对外传播翻译工作直接决定中国话语对外传播的效果，也是一个国家对外交流水平和人文建设环境的体现。

对于西方受众而言，我们传播到西方的信息在多大程度上是有效的？在多大程度上使他们觉得可信、有理、有说服力，从而使他们改变了对中国的观念？加强对西方受众的心理和修辞思想研究时不我待。比如，在我国广为接受的"事实胜于雄辩"的说法，在西方修辞思想中被认为是毫无意义的，因为在西方修辞传统看来，对事实的掌握是雄辩的题中应有之义，而如果我们以理直气壮的口吻过分强调"事实胜于雄辩"，寄希望于"以理服人"和"以事实说话"，它所传达的语气反倒容易在受众中产生词穷时转而诉诸色厉内荏的断言之印象，由此而来的事实陈述是肯定不被对方认可的。对外翻译既要服从国家大政方针，也要考虑我国与受众对象国之间的意识形态、文化背景、审美心理、价值观念和思维方式等差异，更要重视汉语与英语之间在哲学基础、句子结构、语言使用者的思维方式、用语习惯等层面上的差异。

据报道，中国日前援助亚美尼亚的一批抗疫物资上的标语，引发土耳其方面不满。该标语的中文写道"高山之巅，长江之滨"，英文写道"愿我们的友谊比阿拉拉特山高、比长江长"。土耳其方面对该标语以存在争议的阿拉拉特山作为亚美尼亚的象征表示不满。中方已就此事与土耳其方面进行沟通,表明该物资上的文字"应以中文为准"。阿拉拉特山(土耳其称阿勒山)靠近土耳其、伊朗、亚美尼亚三国交界处。土耳其与亚美尼亚的历史恩怨始于第一次世界大战期间及战后,阿拉拉特山地区多次被割让、占领,曾隶属于包括亚美尼亚在内的不同国家。1923 年苏联与土耳其签订条约,将阿拉拉特山划给土耳其。但许多亚美尼亚人仍认为此山为其所有。

美国《华尔街日报》发表了一篇和新冠肺炎有关的文章,标题是 *China Is the Real Sick Man of Asia*,这篇文章引起了国人的强烈愤怒。显然惹祸的是"亚洲病夫"这个说法。"病夫(sick man)"一词,最早起源于"欧洲病夫(sick man of Europe)",是西方人自十九世纪以来对陷入经济困难或衰落中的欧洲国家的形容,最初即指奥匈帝国,因为昔日曾强大一时的奥斯曼帝国已无法恢复以前强盛的局面,而是持续走向衰落,被喻作"欧洲病夫",后来西方媒体"*Sick Man of ...*"批评政府政策失当造成该国陷入困境,英、德、法,甚至美国都曾被批评是病夫。该词在西方语言中属于古语词(cliche),在西方文化并不存在强烈的感情色彩,更不存在对该国人民的讥讽或嘲笑、侮辱的意思。

美国福克斯新闻网 2019 年 10 月 5 日的文章,标题为"德国成为'欧洲病夫'",认为德国经济处于经济衰退的边缘。美国《国家事务》杂志 2005 年发表"俄罗斯是欧洲病夫",指出俄罗斯存在严重的人口结构问题。西方媒体也常常骂自己的国家是病夫:英国《金融时报》2019 年 4 月 18 日发表关于英国脱欧的文章"英国再次成为欧洲病夫"。最近《外交政策》有篇文章的标题是《美帝国是二十一世纪的病夫》。文章说,美国政治精英们的无能将使得美国被出售给出价最高者,使得美国即将分崩离析。文章还公然对美国的国徽进行篡改,本来美国秃鹰两个爪子上抓的是和平之箭和橄榄枝,现在给换成了美元。西方媒体和西方文化认为这很正常。

尽管 *sick man* 不是褒奖的话语,但若我们理解相关西方文化,中国作为世界第二大经济体,自然可以淡然处之,置之不理,韬光养晦,专注于自身发展,努力让自己更优秀、屹立于世界民族之林。岂不美哉!

结语

新媒体时代的对外翻译亟待治理。中国对外翻译的文化自信还要不断地进行理论创新。译者要树立起勇于对翻译负责的法律责任感,敢于担当,发扬法律翻译精神，严肃对待翻译活动，在体现自我主体性的同时，努力提升翻译传播质量，让世界愿意听、听得懂，最终形成中国对外翻译的创造力、感召力和公信力。中国话语的影响力版图定会日益扩大，中国故事方能传播久远。

【参考文献】

［1］Fong, Rebecca. *Intercultural Communication: Chinese Culture in UK Education*. New York: Palgrave Macmillan. 2007.

［2］House, Juliane. *Translation as Communication across Languages and Cultures*. London: Routledge. 2016.

［3］衡孝军．对外宣传翻译理论与实践［M］．北京：世界知识出版社，2011．

［4］胡安江．中国特色对外话语体系的译介与传播研究［J］．中国翻译，2020（2）．

［5］蒋骁华．翻译伦理与译者的语言服务意识［J］．当代外语研究，2017（3）．

［6］林语堂．翻译论集［M］．北京：商务印书馆，1984．

［7］刘禾．语际书写——现代思想史写作批判纲要［M］．上海：上海三联书店，1999．

［8］彭萍．翻译伦理学［M］．北京：中央编译出版社，2013．

［9］任俊．积极心理学［M］．上海：上海教育出版社，2006．

［10］童成寿．译者人格特征内隐观的初步研究［J］．语言教育，2019（2）．

［11］王爱华．南海报道的中外媒体博弈［J］．对外传播，2016（7）．

［12］魏向清，杨平．中国特色话语对外传播与术语翻译标准化［J］．中国翻译，2019（1）．

［13］习近平．习近平关于社会主义文化建设论述摘编［M］．北京：中央文献出版社，2017．

［14］谢天振．译者的权利与翻译的使命［N］．文艺报，2016（1）．

［15］杨明星．"新型大国关系"的创新译法及其现实意义［J］．中国翻译，2015（2）．

［16］许钧．翻译精神与五四运动——试论翻译之于五四运动的意义［J］．中国翻译，2019（3）．

［17］许钧．改革开放以来中国翻译研究概论（1978—2018）［M］．武汉：湖北教育出版社，2018．

［18］殷智红，叶敏．管理心理学［M］．北京：北京邮电大学出版社，2011．

［19］张法连．英美法律术语汉译策略探究［J］．中国翻译，2016（2）．

［20］张顺生．对 The Permanent Court of Arbitration 汉译的思考——兼论"以名举实"之译法［J］．中国翻译，2016（5）．

On the Translators' Legal Responsibility and Legal Awareness in the Era of New Media

China University of Polical Science and Law *Zhang Falian*

Abstract: The rise of new media has greatly changed the way of human information dissemination. Poor information dissemination is detrimental to China's international image. It is imperative to strengthen translation governance in the new media era and build a strong translation team for foreign communication. This study found that in the context of new media, translators should improve their "sense of legal responsibility" and "legal awareness", take the attitude of "legal responsibility" for translation, practice hard work, stand firm, and express themselves rigorously. Know each other and know yourself to ensure the quality of translation and improve the efficiency of dissemination. In the era of new media, only by translating according to the "law" can Chinese stories spread for a long time.

Key words: translation; new media; communication; legal responsibility

符际翻译视角下中国传统文化的国际传播
——以李子柒短视频为例

南京工程学院　孙新容[①]
扬州大学　刘猛[②]

【摘　要】短视频博主李子柒在中外社交网络平台上走红，其通过国风美食视频传播中国传统文化的方式获得广泛好评。本文从翻译学角度出发，以罗曼·雅各布森的符际翻译观为框架，试结合符号学分析李子柒短视频中所展示的文化符号及其达到的翻译效果。李子柒的短视频大量使用非语言符号，以图像化方式传达象征的文化意义，较少使用语言符号，减少了跨文化传播中因语言不通导致的文化理解障碍。李子柒的成功为文化翻译、跨文化交流、中国文化走出去提供了新思路。

【关键词】短视频；符际翻译；李子柒；跨文化传播

引言

近年，短视频博主李子柒在海内外社交媒体平台上悄然走红，其微博粉丝数超过2731万，YouTube账号订阅数超过1570万。李子柒发布的作品以国风美食为特色，取景于自己居住的山林村庄，以一种诗意唯美的拍摄手法记录了她日常耕作、烹饪地方特色美食、手工制作、庆祝节日等乡村生活的点点滴滴。她拍摄的作品在国内外引起了巨大反响，广受好评。央视评论称其作品完全没有翻译，却丝毫不妨

[①] 孙新容（1996—　），南京工程学院外国语学院助教，研究方向为翻译理论与实践、二语习得。邮箱：578167310@qq.com
[②] 刘猛（1978—　），扬州大学外国语学院副教授、硕士研究生导师，研究方向为翻译理论与实践。邮箱：mliu@yzu.edu.cn

碍这些视频火遍全球，截至 2021 年 7 月，其在 YouTube 平台上共发布了 127 个视频，拥有超过 1570 万位订阅者，订阅量甚至超过 BBC、CNN 等英美国家主流传媒巨头（王永刚，2020），西方受众对其赞不绝口，亲切地称呼她为"来自东方的公主、现实生活的木兰、一个中国天使"（史青玲、邵峰，2020：31）。从视频发布时间来看，其最早于 3 年前发布第一个视频"用葡萄皮给自己做件衣服是一种怎样的体验"，获得了 2193 万次播放量，46 万点赞数，23623 条评论。最新视频"这是一个看电视看出来的曲水流觞桌"在四周内播放量飙升至 743 万次，获得了 30 万点赞数，18528 条评论。平台名下的播放列表包括"适时而食""饮食以节""花开有声""东方非遗传承""传统工艺""冬之卷""秋之卷""夏之卷""春之卷"，每个播放列表播放量均突破百万次。年均视频更新量约为 43 个，平均每个视频的播放量均超过 1000 万次，最高播放量达 9392 万次，荣登 YouTube 中国区个人频道播放频次榜首（于洪专，2021）。李子柒本人亦出席了 2021 年国际茶日活动，并担任联合国国际茶日推广大使。李子柒以其个人叙事成功打开国际市场，促进了中国传统文化在海外的跨文化传播和接受。本文从符际翻译的角度出发，试从翻译学和符号学的角度分析李子柒短视频中展示的文化符号及其达到的翻译效果。

一、李子柒短视频中的文化传播研究现状

截至 2021 年 2 月 7 日，在中国知网 CNKI 中以"李子柒文化传播"为主题进行检索，共检索得 92 篇文献。文献类别及发表年份等情况如下所示：

发表年份	论文数	学术期刊	学位论文	报纸	学术辑刊
2019	5	2	1	2	0
2020	70	57	10	0	3
2021	17	17	0	0	0

从发表年份来看，对李子柒短视频中的文化传播研究自 2019 年开始进入研究界，这与李子柒在 YouTube 平台上发布第一个视频的年份相吻合。短视频登上国际媒体平台，从而开始发挥文化传播功能。随着李子柒短视频在国际的走红，研究也呈现逐渐热化趋势。从年均论文发表数来看，2019 年仅有 5 篇论文，散见于期刊报纸；2020 年论文数激增至 70 篇，其中学术期刊 57 篇，学位论文 10 篇；2021 年研

究亦延续发展。

从研究主题来看，2019年迄今的研究多集中于跨文化传播的路径与策略研究。如张红芸（2020）、于洪专（2021）、郭巧云（2021）等对跨文化传播的路径探析，通过对李子柒短视频进行跨文化传播分析，结合我国目前跨文化传播所存在的不足及短板，提出跨文化传播需要创新途径，充分发挥以李子柒等为代表的民间力量，坚持贯通中外、以人为本的表达方式。在传播策略方面，张少彤（2020）从编码和解码的视角出发，探析了李子柒视频中的主题、视觉、听觉和镜头语言的编码特点，并提出李子柒视频持有一种"主导—霸权"的立场，受众的解码与传播者的初衷相一致，达到了理想的意义传播效果。刘晶、彭紫薇（2020）提出李子柒视频对国际受众来说是一种"赋魅"式的异域文化符号，"赋魅"策略赋予了视频中的东方文化以古典性及神秘性，其他传播策略包括构建共享文化价值观、采用个体微观叙事手法、重构生活场景等。冯兆、倪泰乐（2020）从IP创造与开发的角度分析了李子柒视频的文化输出策略，指出李子柒视频背后专业团队对受众心理和市场规律的把握同样功不可没。安倩（2020）、张兴润（2020）、王喆（2021）、闫欢（2021）等则从符号学的视角对李子柒短视频中的符号进行了分析，包括身份符号、叙事符号、文化符号等。结论是当下时代文化中充满了各类符号，打造中国文化符号对推广中国文化大有裨益，而李子柒正是借助其视频中符号的意义外延完成了文化的传播。从研究的学科分布来看，涉及新闻与传媒学、符号学、文化学、经济学、中国语言文字学等。整体来看，对李子柒短视频中的文化传播研究呈现多模态、跨学科、综合化的研究特征。

二、翻译与跨文化传播

功能翻译学学派将翻译活动置于文化的背景中考察，将翻译视为一种承载交际功能的跨文化行为。费国萍（2003：30）指出，"翻译是一种跨文化的交流，翻译既包含了文化因素，也包含了语言系统中体现的文化信息"。王英鹏（2012：53）认为，翻译具有文化和传播的双重性质，"翻译的过程是一种文化与另一种文化的对话，是源语文化在译语文化中传播的过程"。语言被视为一种深层文化的显性具象，不同语言系统之间的语言交流因此也成为了跨文化的交流。而此处文化类别的界定显然是更为民族的，将语言系统与特定民族联系起来，将翻译与民族文化间的迁移与转换联系起来。王英鹏（2012）总结了翻译与跨文化传播的三大共同特征，从而为从跨文化传播学角度研究翻译提供了理论依据。这些特征分别为：依赖语言和符号、具有目的性、具有互动性。史青玲、邵峰（2020）从传播学角度出发，进一步指出，符号可分为语言符号和非语言符号两类，语言符号因其抽象性，在跨文化传播中意义易发生改变或丢失。而非语言符号因其直观性，在跨文化传播中更容易被理解接收，从而具有更为显著的跨文化传播效果。由翻译的符号特征入手，则又可引入符号学的概念对翻译进行进一步阐释与研究。

三、雅各布森"三分法"之符际翻译

"符号学对符号意义的动态解读过程赋予翻译对等动态的、发展的意义。"（徐岚，2007：62）符际翻译（intersemiotic translation）这一翻译观最早由语言学家罗曼·雅各布森（Roman Jakobson）提出。在其1959年发表的《论翻译的语言学问题》（*On linguistic aspects of translation*）一文中，雅各布森提出了其"三分法"的翻译观，其中"符际翻译（或称嬗变）是指通过非语言符号系统内的符号对语言符号进行阐释"（Jakobson, 1959: 233）。雅各布森的翻译观将翻译学与符号学联系起来，认为语言系统中词句的蕴意兼具语言学与符号学表征，而翻译涉及不同符号系统之间对等信息的转换。换言之，翻译的过程是将一种符号系统中传递的信息等值转换到另一种符号系统中的过程，而这种等值转换涉及同一语言系统内转换（语内翻译）、不同语言系统间转换（语际翻译）、语言和非语言系统间转换（符际翻译）。由此可见，雅各布森"三分法"翻译观中摹写的三种翻译观的源符号系统与目标符号系统虽不同，但对翻译活动本质的把握始终如一：即翻译是信息的等值（equivalence）。雅各布森"三分法"对翻译的界定与划分为翻译理论发展作出了巨大贡献，大大拓宽了翻译研究的覆盖面，"翻译成为了意义得以产生的一种媒介，成了理解的代名词"（王琦、李频，2013：85）。雅各布森的翻译观打通了符号学和语言学学科，生成了一种跨学科的翻译研究新视角，影响颇为深远。

尽管雅各布森在《论翻译的语言学问题中》对符际翻译未予深评，但符际翻译的意义正随着当今时代的发展而不断凸显。科学技术的变革推动了社会生产方式的变革，数字化、信息化、后现代化成了当今人们社会生活的重要特征，人类已然迈入"读图时代"。詹琰（2007：9）指出，数字技术的不断更新重塑使视觉符号传播的媒体由传统印刷媒体衍化为电子媒体，即由"旧媒体"向"新媒体"转变。这种衍化不但"丰富了视觉符号的记录方式"，也"改变着人们对视觉符号的创作手法"。由此可见，数字技术的高度发达为图像生产的便利提供了技术基础，而互联网为个体进行个性化视觉符号的创作与表达提供了平台基础。魏姝（2013：98）指出，面临互联网时代大量涌现的图像符号，传统意义上的语内翻译和语际翻译已不能够满足当今时代翻译的需求。而符际翻译"从文化传播和多维互动交际意义上来说，运用面更加宽泛且更具实效"。"读图时代"的到来拓宽了语言素养（literacy）这一概念的范畴，将其从传统的狭义的语言系统内的识字读写能力延拓至广义的多模态的符号识读能力，图像、音乐等要素也可被纳入视听符号系统，自成一套"语言"。语言素养概念的外延与雅各布森的符际翻译观在本质上系出同源，即承认语言和非语言系统都涉及符号。之所以为"读图"而非"观图"，暗合了对图像承载的信息的辨别、识具与理解要求，因此，数字时代的交流方式要求读者同时具备使用语言系统和非语言系统进行信息阐释的语言素养。

四、李子柒短视频中中国传统文化符号的构建

"视觉已经逐渐成为现代感官的主导力量，而视频作为最为直接的视觉媒介，已然成为了视觉文化的天然载体。"（危欢，2020：40）短视频的兴起，是数字化时代的产物。现以李子柒2019年1月31日发布于YouTube平台的《年货小零食特辑》短视频为例，试分析其短视频中对中国传统文化的符号化构建。截至2021年2月7日，该短视频已有超过8229万次播放量，107万点赞数，播放量位居全部投稿榜首。

（一）李子柒短视频中语言符号分析

李子柒短视频中语言符号使用较少，主要涉及短视频标题、视频简介、字幕、人物对白。标题与字幕为书面语言，人物对白为口语。

短视频《年货小零食特辑》中语言符号构建	
视频标题	A special program on New Year snacks 年货小零食特辑 Liziqi
视频简介	Liziqi channel——snacks for Spring Festival 花生瓜子糖葫芦，肉干果脯雪花酥——年货小零食 Another Spring Festival is coming! Candied haws on a stick, fried peanut and seeds, and sweets of all kinds… These were festival treats when we were little. This year we've come up with a special program on New Year snacks for as long as 10 minutes!

（续表）

视频简介	又过年喽哈哈哈哈哈哈！ 冰糖葫芦，炒花生瓜子，各种好吃的糖果…… 小时候总是眼巴巴地盼着这些。 今年多加了一个年货小零食新年特辑。 10分钟呐！
字幕	冰糖葫芦、花生芝麻糖、烤板栗、雪花酥、麻辣手撕牛肉干、爆米花、炒瓜子、炒落花生、香酥蛋卷、芒果干
人物对白	四川方言

李子柒的短视频标题包含中文标题及其英文翻译，值得注意的是，其视频标题中均包含"Liziqi"或"Liziqi Channel"的个性化标签字眼。李子柒的姓名在某种意义上也成为了一种文化符号，象征着她美食短视频博主的身份以及其富有个人特色的选材及拍摄方式。而作为文化符号的"李子柒"的主体身份也是双重的。一方面，她以个人化的叙述手法构建了一种个性化的生活方式；另一方面，经由官方媒体的推广，在一定程度上，她又被塑造成一个中华传统文化推广者的形象。可以说，"李子柒"这一文化符号具有自主性和民族性的双重含义。"在李子柒身上，我们看到了一个由东方、乡村、美食、女性等诸多符号组成的共同体。"（危欢，2020：38）

视频标题中的"New Year"与视频简介中的"Spring Festival"在释义上有所差别，结合原中文标题中的"年货"二字，不难推断出此处原应为"Spring Festival"，即中国传统节日春节。标题中将之翻译为"New Year"，可以看作一种文化归化处理。考虑到中西文化的差异性，西方观众对中国农历历法及生肖等传统文化缺乏了解，因而将作为一年之始的"春节"译为"新年"，是取"一年初始"的共有意义，从而避免了跨文化过程中因文化差异导致的认知障碍。

在视频简介中，李子柒重申了"春节"的概念。对比简介中的中英文介绍，中文对内容的介绍更为具体，"花生瓜子糖葫芦，肉干果脯雪花酥"，将短视频中涉及的美食一一列出，而英文翻译仅以"snacks"一词概括。这也是考虑到语言符号在跨文化传播中的易变性而作出的归化处理。"年货""糖葫芦"等文化符号诞生自中国传统节日文化的深层民族文化中，具有特殊的民族文化意义，置身于民族文化之中的中国观众易识别、理解此类语言文化符号，而缺乏对中国民族文化了解的西方观众则无法直接将"糖葫芦"与"庆祝新年"两者发生联系，因而李子柒团队使用了"零食"这一更为广泛的符号指代原文中所列之物。制作美食以庆祝节日是各国、各民族节日文化中共通的部分，李子柒团队正是成功把握了这一共同点，从而将翻译中难以处理的文化符号问题化繁为简。

李子柒视频中对中国特色零食的翻译包括语际翻译和符际翻译。视频简介中以语言符号呈现的对零食的英文翻译属于语际翻译，如将"糖葫芦"翻译为"candied haws on a stick"，"花生瓜子"翻译为"fried peanut and seeds"，"雪花酥"翻译为"sweets of all kinds"，均非直译而来。视频中，每一道零食制作完毕后，李子柒都会使用一个特写的摆盘镜头对其进行静止聚焦，同时在画面上打出其对应的中文字幕，以图像符号对语言符号进行直观可感的翻译，此处以成品图像代替英文字幕翻译的方式便属于符际翻译。

除上述语言符号外，李子柒短视频中还包含了一种特殊的语言符号，即人物对白。其视频中的对话多为四川方言，而此类对话多作为背景音出现，几乎不会对视频本身人物动作的可理解性和逻辑性产生认知影响，而仅仅是为营造视频的本土化特征、区域性特征服务。因此，西方观众虽然不能听懂人物间的交谈，却依然可以感知视频中浓浓的乡土劳作文化风味。正如 YouTube 平台上一位西方观众的留言所称，"我虽然听不懂他们在说什么，但这一切看起来十分美好。"

（二）李子柒短视频中非语言符号分析

非语言符号可分为视觉非语言符号、听觉非语言符号和体语（李彬，2013）。在短视频《年货小零食特辑》中，大量使用了视觉符号和听觉符号。非语言符号的使用充分调动了观众的多种感官，从而增强了短视频的感染力。

		短视频《年货小零食特辑》中非语言符号构建
视觉符号	人物衣着	李子柒：身着靛蓝棉袄、靛青棉裤，手戴白色棉手套，背上一个箩筐，头发散盘成髻。 一件白色短绒上衣，灰蓝色唐裼，墨黑裤子，头梳两个麻花辫。 爆爆米花的叔叔：头戴黑色鸭舌帽，身着靛蓝色唐裼，脚穿黑色棉布鞋。 奶奶：头戴黑绒雷锋帽，身着靛蓝长大衣，脚穿灰色棉鞋。
	自然风光	山林、枯叶、衰草、干稻草、水仙、星空
	食物	栗子、柚子、山楂、苹果、冰糖、花生米、芒果、牛轧糖、牛肉、香料、爆米花、葵花籽、盐、花生、鸡蛋、面粉、红袍柑
	器物	炭火盆、竹凳、菜刀、砧板、炭烤炉、竹签、竹篾、爆米花机器、铁锅、石灰、竹柜、扁担
	动物	白狗、黄狗、白羊

（续表）

听觉符号	背景音乐	舒缓空灵的国风纯音乐
	人声	人语、笑声
	自然声	踏叶、草木摩挲、狗叫、猫叫、鸡鸣
	过程声	敲打、厨具碰撞、切菜、水沸、油沸、翻炒、烧火、爆米花、剥瓜子、筛盐、搅拌

人物是短视频中一切活动的中心，也是动作的发出者。人物衣着则是人物展示给观众的第一视觉印象，衣着显示了人物的身份、性格、社会阶级等特质。李子柒视频中人物的衣着具有鲜明的个人特征，虽然款式简单古朴，但整洁干净，色彩纯粹，她精致的发型与妆容也与传统乡土文化中"面朝黄土背朝天"的劳动者形象相去甚远。在她的其他视频中，她还展示了如何用葡萄皮制作裙子，或是自制染料为衣物染色等，因而其镜头下人物的衣着成为了一种独特的实用性与艺术性兼具的视觉符号。在《年货零食小特辑》视频的开头，李子柒身着靛蓝棉衣棉裤，戴着宽大的白手套，半蹲于地捡拾栗子。靛蓝是李子柒视频中人物服饰最常使用的颜色，在她的另一则视频《印染在花布上的靛蓝，铭刻在骨子里的传承——蓝印花布》中，她学习并展示了蓝印花布这一传统的四川蜡染手艺，并亲自为自己的服饰被褥染色。可以说，靛蓝这一色彩在李子柒视频中具有特殊的文化意义，一方面，色彩塑造了宁静美丽、心灵手巧的人物形象；另一方面，对这一色彩的使用显示了她对传统文化的自觉传承与发扬，这是李子柒在人物衣着视觉符号塑造上的艺术性的体现；而人物身上的棉衣、棉裤、棉鞋等服饰又塑造了人物劳动者的身份，使其更加"接地气"，符合大众对劳动人民的想象，因而又兼备了实用性特征。

除去人物的活动，她的视频中亦出现大量的空镜头，展示了所在地优美的自然风光及大量动植物图像。此外，制作食物必不可少的器皿等物件也是镜头聚焦的重心。这些非语言符号代表着健康、原生态、自然、和谐。詹琰（2007:9）认为，语言蕴含的艺术审美方式是"宁静、沉思的"，而图像蕴含的艺术审美方式则具有直观性。从语言艺术到数字图像艺术的审美方式嬗变一定程度上反映了个体自主性的强化。前者犹如回甘，需不断回味方能体会个中真意。后者则依赖直觉，追求的是第一眼视觉上的冲击力。作为短视频中最为直观的符号，这些自然天成的视觉符号是李子柒视频主题最好的表达：人与自然和谐相处，追求"道法自然、天人合一"的道家境界。

此外，听觉符号作为一种辅助符号，也参与了短视频中乡村生活的构建。首先，视频中的背景音乐均为无人声无歌词的纯音乐，音乐演奏运用了多种中国古典乐器,曲调舒缓,空灵出尘,令人身心放松。其次,背景中收录的人声、自然声、过程声均为立体声,清晰可感,拉近了观众与人物生活的距离。人物的絮语声、嬉笑声,自然界中的风吹叶落、草木摩挲、流水潺潺等声响,日出日落时分的鸡鸣犬吠声,增强了观众身临其境的现场感,共同交织成一幅日出而作、日落而息、人人怡然自得的乡村生活图景。听觉符号通过对现场声的再现,从听觉上强化了观众对图像的视觉印象。

(三)李子柒短视频中民俗文化氛围的构建

除上述语言符号及视听符号外,《年货小零食特辑》中亦出现两处具有中国传统文化特色的文化习俗。第一处为李子柒走入房屋中,竹桌上设有竹座水仙、柚子、苹果、橘子等物。此处镜头给予了一个特写,展示了中国传统文化中的"岁朝清供"这一习俗。岁朝即为正月初一,正是春节当日,"清供"由佛前供花发展而来,指代鲜花、蔬果等清雅供品(张铜伟,2019)。"岁朝清供",即指春节当日供奉于案前的清雅之物,尤以洁白出尘的水仙为其特征,富有天然意趣,体现了我国人民在日常劳动生产中对美的捕捉和提炼。李子柒镜头下的"岁朝清供"也体现了她视频的主题:在寻常的乡村劳作生活中记录富有艺术诗意的美好。第二处为李子柒和奶奶一起包装制作好的牛轧糖,糖果包装纸上印有卡通猪的图样,写着"福气满满"四字。依照我国古代十二进制纪年法,十二地支可分别使用十二种不同动物表示,排列顺序为子鼠、丑牛、寅虎、卯兔、辰龙、巳蛇、午马、未羊、申猴、酉鸡、戌狗、亥猪。2019年正是猪年,因此糖果包装纸上印有猪的图样,表达了对新年的美好祝愿。祖孙两人之间相亲相爱、互相照顾的生活情景也体现了中华民族尊老爱幼、孝敬长辈的传统美德。

与其他以乡村生活作为拍摄主题的短视频博主相比,李子柒镜头下的乡村生活远离了原始和粗糙,而富有恬淡悠然的田园牧歌气息,栽花饮酒,投壶行令,此类文化习俗更为视频添了几分陶渊明式的诗意,而"这样的文化气息是将乡村生活中符合当下主流审美的元素加以提炼,将中华传统文化中的精粹思想加以凝聚,再用现代化技术进行艺术加工后的产品"(胡雅晗,2020:8)。当下,快节奏、高效率的后工业化城市生活使人们面临"精神荒原"的心灵危机,促使人们将目光重新投向乡村,可以说,人们期望一种质朴简单的生活方式,以将心灵从熙熙攘攘忙忙碌碌的城市生活中解放出来,而李子柒视频中构建的氛围与此期望不谋而合。

结语

李子柒的短视频"充分利用了符号在跨文化交际中的可交流性和共情性"（史青玲、邵峰，2020:30），以非语言符号作为短视频的主要表征，将语言符号的使用压缩至最低，从而最大化了短视频的"观看"效果，以一帧帧艺术化的图像作为文化翻译的载体，以一种直观可感的方式对中国传统文化进行身体力行的翻译，从而构建了海外受众对中国乡村乃至中国文化的新想象。短视频中所反映的中国传统文化主要涉及饮食和节令两类，李子柒充分把握了跨文化传播受众在日常生活中对饮食、节令所抱持的相似的体验心态，从而取得了较大的成功，达到了"不着一语而有千言万语"的翻译效果。尽管我国经济实力不断增强，国际地位不断提高，但文化软实力发展仍有巨大的上升空间。新时代"中国文化走出去"这一命题为"讲好中国故事，传播中华文化"提出了新要求。李子柒的成功为我国文化外宣提供了启示，应充分把握、发挥互联网社交媒体在当今时代的跨文化传播、宣传作用，充分利用网络平台和个人化叙事方式推广我国优秀传统文化。在对文化的翻译过程中，应扎根本土，立足实际，将抽象复杂的文化化为具体可感的文化符号，便于观众的理解，唤起观众对真善美的共情能力，以消除文化偏见，促进文化交流。

【参考文献】

[1] Jakobson, R.. On Linguistic Aspects of Translation [A]. Brower, R. A. (ed.). *On Translation* [C]. Cambridge: Harvard University Press, 1959.

[2] 安倩．跨文化传播视域下李子柒短视频中的非语言符号分析 [J]．视听，2020（12）：133–134.

[3] 费国萍．符号学在翻译领域的历史性扩展 [D]．南京师范大学，2003．

[4] 冯兆，倪泰乐．基于李子柒现象的 MCN 模式下文化输出策略研究 [J]．传媒，2020（4）：94–96.

[5] 郭巧云．中华文化跨文化传播路径思考——以李子柒走红 YouTube 平台为例 [J]．科技传播，2021（3）：144–146.

[6] 胡雅晗．短视频对乡村文化的构建与收编——基于短视频美食博主"农村会姐"和"李子柒"的对比研究 [J]．新闻研究导刊，2020（19）：8–9.

[7] 李彬．传播学引论 [M]．北京：高等教育出版社，2013．

[8] 刘晶，彭紫薇．跨文化视域下李子柒短视频海外传播策略探析 [J]．新闻知识，

2020（06）：39–44．

[9] 史青玲，邵峰．传播学视域下李子柒"网红"现象解析——兼及对中国文化海外传播的启示 [J]．德州学院学报，2020（5）：30–33．

[10] 危欢．作为"他者"的乡村：李子柒视频中的乡村表征与他者想象 [J]．视听界，2020（5）：38–42．

[11] 王琦，李频．罗曼·雅克布逊对于翻译理论的贡献 [J]．乐山师范学院学报，2013（1）：84–87．

[12] 魏姝．国内符际翻译研究透视 [J]．北京邮电大学学报（社会科学版），2013（5）：93–100．

[13] 王永刚．文化认同：李子柒视频海外热播现象初探 [J]．上海艺术评论，2020（6）：25–27．

[14] 王英鹏．跨文化传播视域下的翻译功能研究 [D]．上海外国语大学，2012．

[15] 王喆．符号学视阈下"李子柒"短视频的传播研究 [J]．传媒论坛，2021（7）：141–142．

[16] 徐岚．略论符号学的翻译对等观 [J]．四川教育学院学报，2007（5）：60–62．

[17] 闫欢．李子柒短视频的符号学呈现与分析 [J]．新闻研究导刊，2021（4）：53–55．

[18] 于洪专．思维创新视域下的跨文化传播路径探析——以"李子柒"短视频为例 [J]．新闻传播，2021（10）：20–22．

[19] 张红芸．中国文化对外传播的实践经验和可行路径——以 YouTube 李子柒短视频为例 [J]．出版广角，2020（12）：77–79．

[20] 张少彤．基于编码解码视域的自媒体跨文化传播策略研究——以李子柒的视频作品为例 [J]．东南传播，2020（8）：74–76．

[21] 张铜伟．浅析岁朝清供图 [J]．艺术教育，2019（9）：251–252．

[22] 张兴润．符号学视域下李子柒短视频的国际传播探析 [J]．新闻研究导刊，2020（16）：233–234．

[23] 詹琰．虚拟空间中的"读图时代"——技术引发的美学变革 [J]．自然辩证法通讯，2007（5）：8–13+110．

Cross-cultural Communications of Traditional Chinese Culture from the Perspective of Intersemiotic Translation: A Case Study of Li Ziqi's Short Videos

NANJING INSTITUTE OF TECHNOLOGY *Sun Xinrong*
YANGZHOU UNIVERSITY *Liu Meng*

Abstract: Short video blogger Li Ziqi has attracted fans over the world on domestic and foreign social networking platforms. She has been widely acclaimed for spreading traditional Chinese culture through shooting short videos of the process of making traditional Chinese dishes. Basing on the perspective of translation studies, this paper refers to semiology and adopts Roman Jacobson's intersemiotic translation theory as the framework, attempting to analyze the cultural signs displayed in Li Ziqi's short video and the translation effect it achieved. The conclusion demonstrates that Li Ziqi's short video adopts a large number of non-verbal signs to convey the underlying cultural meaning graphically, with less verbal signs, which reduces the barrier of understanding culture caused by language in cross-cultural communication. The success of Li Ziqi provides new ideas about cultural translation, cross-cultural communication and going global of Chinese culture.

Key words: short video; intersemiotic translation; Li Ziqi; cross-cultural communication

歌曲翻译可唱性提升策略研究

天津音乐学院　张　晔[①]

【摘　要】 本文论证译词再现原语音位特征对改善翻译歌曲可唱性发挥的辅助作用，并从语言、文化及思维三个维度论证译词适当改写原词对提升翻译作品可唱性起到的关键作用，并概括为"音求同、字存异"策略，为推动歌曲跨语言传播提供方法论支撑。

【关键词】 歌曲翻译；可唱性；音位特征；改写；译者主体性

引言

2022年2月4日，北京冬奥会开幕式上，中英双语童声合唱《雪花》作为主题歌广受赞誉，这是继2008年北京夏季奥运会开幕式刘欢与莎拉·布莱曼中英双语对唱《我和你》之后，翻译歌曲又一次走到中国重大外宣场合的聚光灯下。此外，冬奥会闭幕式上演唱的《送别》《友谊地久天长》等拥有悠久历史的翻译歌曲也都激起中外观众的情感共鸣，充分表明歌曲的美学价值是由旋律与歌词共同建立的，译配演唱可以揭开语言隔膜，令一首外文歌曲真正走入译入语受众内心。

新世纪以来，歌曲翻译的发展出现两大趋势：一是具有特定商业目的的翻译，如外国原创音乐剧在中国的商业化演出以及外国动画电影为吸引中国儿童观众群而推出的中文版歌曲；二是出于娱乐与观赏目的的翻译，如综艺节目中某一种语言歌曲的多语种演唱版本欣赏。由于互联网时代外国歌曲的广泛传播，听众普遍在听过原文演唱的前提下欣赏译配演唱，由于对原词曲有先入为主的第一印象，欣赏目的也随之由单纯欣赏歌曲本身过渡为兼顾欣赏翻译艺术，客观上对译配效果提出了更高要求：译词不仅要在重音、节奏、韵律等方面与原曲吻合，还应尝试译词音位特

[①] 张晔（1980—　），天津音乐学院副教授，研究方向为歌曲翻译理论与实践。邮箱：tom12081224@sina.com

征贴近原词而遣词造句摆脱逐字对译，让受众在双语对比演唱中感到译词不输原文，具备独立的译入语音乐文学价值（张晔、林克难，2019:166）。本文尝试基于上述目标提出歌曲译配两个可唱性提升策略与同行切磋。

一、音求同——译词在特定位置贴近原词音位

美国心理学家托尔曼认为，翻译艺术与绘画艺术高度相似，本质上都是模仿，翻译作品对所表现内容（原文文本）的模仿程度越高就越容易同时给译者和读者带来精神愉悦（郭建中，2000:4）。一首好歌必然词曲契合无间，译词若在传达原词内容时兼顾贴近原词音位，则其可唱性必然无可质疑，尤其可以在双语演唱中创造更好的审美体验。

诚然，英汉两种语言分属不同语系，同一词汇发音基本无可比性，且诗歌韵式习惯迥异，追求较大程度音位对等的可能性低。但鉴于汉语词汇的丰富程度，译词音位在乐段特定位置追求贴近原词音位特征是有可能实现的。下文拟分别从辅音和元音两个角度探索译词贴近原词音位的可行性。

（一）辅音近似

与汉语诗歌单纯重视尾韵（rhyme）不同，头韵（alliterate）在英文诗歌中与尾韵同等重要，反映了英语使用者重视首辅音在言语中产生的审美效果。鉴于此，当英文歌词首辅音特征被旋律突出时，汉译有必要基于可唱性考虑优先选择发音特征相近的辅音与之对应：

例1. *I Could Have Danced All Night*（《我愿彻夜舞蹈》，《窈窕淑女》唱段，奥黛丽·赫本演唱）

上例是音乐剧《窈窕淑女》(My Fairy Lady)的经典唱段。在该剧电影版情节中,赫本饰演的卖花女在回房睡觉前用这首歌曲表达企盼与希金斯教授跳舞的热切心情。上例为该唱段的起始部分,第1、7小节均以铿锵有力的节奏发端,若直译为"床,床,我不能去上床"虽音节数对等但与汉语音乐文学审美情趣相去甚远,甚至会产生猥琐的联想。基于可唱性考虑,拙译以发音清脆响亮的"来"字与之对应,并随之确定怀来辙为韵脚,用"灵魂起飞,身躯便不愿躺下"的文学化语言描绘出主人公沉浸在幸福之中的心境。

若英文歌词出现押头韵,译者也应首先考虑能否在汉译中再现,下例即为笔者连用"坚"字词组(坚强、坚定、坚守)再现英文押头韵(protects, persists, perseveres)的尝试:

例2. How Does A Moment Last Forever(《如何让瞬间成为永恒》,电影《美女与野兽》插曲,席琳·迪翁演唱)

(二)元音近似

鉴于英汉差异较大,薛范将美国民谣歌曲 Jambalaya 妙译为"真不赖呀"以实现四音节近似实属个案(薛范,2002:175),但译词重要位置实现单元音近似是有可能的,如音乐剧《音乐之声》薛范译本将众修女议论玛利亚出格举止唱段中的 clown 译为"活宝"即是追求译词贴近原词音位的经典译例。为证明实现元音近似的可能性,再举一例:

例3. All I Ask of You(《别无所求》,《歌剧魅影》唱段)

剧中青梅竹马的恋人克里斯汀和劳尔互诉衷肠，*All I ask of you* 在全曲各乐段反复出现，上例是其中一处，两个译本都忠实传达了原词含义。与薛译不同之处在于，拙译为追求韵脚音位特征近似，尝试以原词唱段结尾处韵脚"you"确定为语篇的主韵脚，在试韵时优先考虑油求辙的可能性，最终以"所"字元音韵尾对应"of"，"求"对应"you"，达到双音节近似，经学生双语对唱表演效果良好。

事实上，译词若能实现双音节特征与原词近似，则更高的模仿程度可能带来更强的审美愉悦，但此类情形可遇而不可求，如下例：

例 4. *The More We Get Together*（《欢聚越多》，儿歌）

单就韵脚元音近似而言，两个译本分别在不同位置实现了译词与原词的双音节近似，分别为佚名译本的"越多"与"ge-ther"以及拙译的"无比"与"we'll be"，但就英汉音节对应的规整性而言，前者存在多处两个汉字对应一个唱名或一个汉字延长时值对应两个唱名的情况，一定程度改变了原曲节奏。

需要明确指出的是，译词在音位特征上追求贴近原词音位特征的尝试并非在每一次译配过程中都能顺利实现，但因其有助于提升译词可唱性，应纳入译者在构思韵脚时优先考虑的范畴。

二、字存异——摆脱逐字对译的三个切入点

　　欧洲各语言之间的歌曲翻译，由于语言间亲缘关系较近，倾向于采用逐字翻译的方法，而且直译（literal translation）得越准确，往往越容易与原词旋律相匹配[①]。然而，英汉两种语言在表达习惯及审美情趣上差异较大，故译配时应以语篇为单位对既有信息作适当改写，以贴近受众审美为目标。但译者受到"翻译行为是再现原文意义的语言转换行为"（周领顺，2013：72）这一内在道德约束，在实践中常放不开手脚，害怕稍有偏离便被斥为对原词不忠。下文以语言、文化、思维三个角度为切入点，为歌曲翻译行为划定适当的边界，有利于发挥译者创造力，为提升译词可唱性奠定方法论基础。

（一）语言层面——实现逻辑自洽

　　与其他文学体裁相比，诗歌蕴含的情感丰富，但文字容量有限，可供查考的背景资料不足以支撑对每句词的确切解读，若译者不在翻译过程中有所发挥，则其译词可唱性便可想而知了。事实上，作品生命的延续靠读者（译者首先也是读者）对它的解读，每一个读者都有权从自己的角度诠释一部作品，对作品的解读或翻译没有绝对的正确与错误。就歌曲译配而言，应当容许译词为避免直译产生的逻辑混乱所作的合理改写，如下例：

例 5. *Say You Say Me*（《说你，说我》，Lionel Richie 演唱）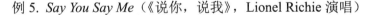

[①] Calvocoressi M-D, The Practice of Song-Translation, Source: Music & Letters Vol.2 No.4 (Oct., 1921). pp. 314-322, Oxford University Press: "When a translator finds himself in difficulties, one of the very first things he should do is to ask himself whether his translation is literal enough... but experience soon shows that whichever language one is translating from or into, the more nearly literal of two translations very often fits the music better."

Say you, Say me 在全曲反复出现。薛译"说我，说你"既忠实对应原词，也满足押韵需要，但容易令听众在逻辑上感到费解：为什么要"说我，说你"？要说我什么或说你什么？从语篇角度看，此句应为出于押韵需要而对"You say, I say"进行的主谓倒装，故拙译尝试以"千言万语"和"万语千言"这两个汉语常见词语对译原词，与歌词的音乐文学属性也相吻合，似乎提升了歌词的美学价值。

有些歌词从词汇层面看确实不存在问题，但从语段逻辑层面看却经不起推敲，且很难找到相关资料加以佐证，若不适当改写也可能在一定程度上影响译词可唱性，如下例：

例 6. *Oh Susanna*（《哦，苏珊娜》，Steven Foster 演唱）

上例节选自美国经典民谣《哦，苏珊娜》。该首歌曲有若干中文译本，篇幅原因只列其中较有代表性的竹漪译本。竹译采取直译原文的翻译策略，但有两处易造成理解困难：为什么大雨下不停而天气还干燥？我心冰冷与苏珊娜别哭泣是否构成因果关系？歌词作为一种听觉艺术，具有短暂性特点（薛范，2002：51）。听众瞬间产生疑惑就会影响对全篇歌曲的理解与欣赏。拙译在原词基础上对其内在逻辑加以合理想象与适当梳理，使译词符合歌曲所要表达的思念爱人的主题。

如果英文歌词本身是语言游戏，则可能需要进行全篇改写，在汉语歌词中重构新的语言游戏来再现原词主旨。

例 7. *Do Re Mi*（《哆来咪》，《音乐之声》唱段）

《哆来咪》是音乐剧《音乐之声》中流传最广的一首儿歌，玛利亚通过谐音帮助孩子们记忆七个唱名。邓译实现了与原文在词语层面的完全对等，但译入语受众完全不能理解"do"与小鹿、"re"与阳光之间具有怎样的联系，也就无法体验谐音带来的审美情趣。《音乐之声》中文版首次引入中国时，饰演玛利亚的成方圆演唱的即是薛范的译本。薛范认为，有些出于特定需要而以语音差异为内容的外语歌曲是不可译的，因为两种非亲属语言在语音上不对等，并认为自己的译本不能算作翻译，只能算是填词（薛范，2002：45-49）。但是，从奈达对翻译类型的划分来看，这种基于译入语语言文化特点进行的改写被称为文化翻新，依然在翻译的范畴之内（谭载喜，1999：56-57）。与邓译相比，薛译保留了原词的中心内容（音符的唱名）及其叙事结构（为唱名寻找谐音）且实现了译入语内部逻辑自洽，故能得到更多译入语受众认可而成为经典译作。

（二）文化层面——平衡归化异化

文学翻译在传达文化意象时普遍需要在引入异族文化与维持译入语审美趣味之间寻找平衡，翻译界历来对此问题莫衷一是。

首先，音乐文学作为一种听觉艺术，具有转瞬即逝的特点，只有适当改写原文歌词中较难理解的语言文化符号，以便于译入语受众容易听辨和理解，才有可能激发译入语听众审美共鸣，从而使翻译歌曲获得独立的译入语音乐文学价值和地位。还以《哦，苏珊娜》为例：

例8. *Oh Susanna*（《哦，苏珊娜》，Steven Foster 演唱）

上例中的 banjo（有译本直译为"班卓琴"）即使译成"五弦琴"也难以在汉语听众头脑中形成对实物的联想，故拙译改写为与之功能类似但在汉语中可引发青春与爱情联想的"吉他"以更好契合全曲主旨；阿拉巴马和路易斯安那作为美国的两个州名，在中国普通民众中的知名度不高，遑论二者的地理位置与相对距离了，故拙译改写为"要走很远很远的路"，尝试传达原词主旨而不追求逐字对应。

其次，歌曲译配的初心是用听众的母语反映原语所在地域的风土人情，从而在两种语言文化之间架起沟通与理解的桥梁，译者因此最好谨慎选择可能引发译入语受众固有联想的词语，尽力避免将受众从原文歌曲的意境中抽离出来（王文华，2007：19）：

例 9. *All I Ask of You*（《别无所求》，《歌剧魅影》唱段）

与拙译相比，薛译从文本层面显然更加忠实原文，然而"summertime"（薛译"艳阳天"）对应的旋律与电影《柳堡的故事》插曲《九九艳阳天》中"艳阳天"对应的旋律有相似之处，容易引发汉语听众联想起另一段熟悉的旋律而从原曲创设的意境中跳脱出来。拙译则尝试不拘泥于字句层面的对应，同样可以较准确地再现情侣在夏日清晨醒来时的温情场面。

最后，如原文歌曲本身即存在语码混用情况，汉译时则应审慎确定恰当的翻译策略，平衡好呈现异域文化特色与本国听众接受度之间的关系。如下例：

例 10. *Que Sera Sera*（《顺其自然》，Doris Day 演唱）

上例是希区柯克电影《擒凶记》（*The Man Who Knows Too Much*）的插曲，多丽丝·黛在片中饰演麦肯纳医生的太太，她在使馆大厅高唱这首歌谣给楼上囚禁的小儿子传递信号。歌词主题句"Que sera sera"刻意使用法语，意为"顺其自然"，与凶案发生地法属摩洛哥暗合。与薛译相比，拙译尝试再现原曲的英法语码混用特征，保留"Que sera sera"这句特色唱词并以发花辙起韵，且最后两行中"不要在意"与"照常升起"两句押一七辙，与原文"will be"与"to see"的韵脚吻合，将两种语言在同一旋律下由意义相关提升到音韵相近的新高度，似乎提升了译词的审美品位。

总之，歌曲译配需要在引入异域文化与维持本民族审美与可懂度之间谨慎寻找平衡点，过于倾向任何一方恐怕都不是明智的选择，最终可能影响作品在译入语受众中的传播。

（三）思维方式——立足译语视角

一个民族的思维方式体现在其语言表达方式上，西文重形式论证与抽象思维，其语言形态完备、法制严格；汉语重形象思维，从字句到篇章，处处皆是意群意象，篇章如意象的流泻式铺排（王文华，2007:120-124）。在歌曲翻译中，有意识地将英语概念词与汉语意象词连结起来，有助于汉译歌词画面感的营造与英译歌词哲理性的构建（尤静波，2015:6）。先看一例：

例 11. *The Music of the Night*（《夜的音乐》，《歌剧魅影》唱段）

与薛译相比，拙译在翻译思想上进行了大胆突破，尝试将原文中的抽象概念词以符合汉语文学表达习惯的意象词表达出来，如以"灵光"译"sensation"（"感觉"），

以"掀起脑海波澜"译"stirs and wakes imagination"("唤醒你想象活跃"),以"烟消云散"译"abandon"("抛却"),用意象词汇的铺排营造出魅影在地宫中用歌声征服克里斯汀的神秘氛围。再看一例:

例12. *Moon River*(《月亮河》,Audrey Hepburn 演唱)

上例是电影《蒂凡尼的早餐》(*Breakfast at Tiffani's*)中的主题曲,赫本饰演的女主角霍莉向往都市生活却饱尝在纽约谋生的艰辛,她怀抱吉他坐在公寓窗台上唱起这首歌,表达了她对过去田园生活的怀念。从营造画面感的角度看,薛译对于"渡河"情景的再现通过"宽不过一里"表达出来,具有明显的理性思维特征;王译似乎意识到了英汉表达习惯的不同,以"河面宽又阔"取代了对河面宽度的精确丈量,但画面感仍略显不足;拙译尝试以"洒在河面上"和"愿与水中月成双"共同再现渡河情境,通过隐喻表达女主角孤独的内心感受。

结语

可唱性是一首翻译歌曲的生命线。结合互联网时代对歌曲翻译提出的新要求,本文尝试为提升翻译歌曲可唱性提出切实可操作的具体标准,唤起文学翻译中译者主体意识的觉醒,帮助译者认清诗歌翻译的艺术学本质,避免制造语言上正确而艺术上苍白无力的译品(谢天振,1995:26),最终建立诗歌翻译作品在译入语世界独立的文学地位。

本文主要讨论改善翻译歌曲可唱性策略,可概括为六个字——"音求同,字存异":首先,译词在确定韵脚时应优先尝试(但不强求)与原词在重要乐段实现韵脚元音近似和辅音特征近似,使译词与原词不仅意义相关且音韵相近,在双语演唱时尤其容易达到完美交融的效果；其次，译词在遣词用字上应深入了解英汉之间在语言表达及逻辑自洽、文化符号及联想意义、思维方式及审美情趣上的差异，找到归化与异化的最佳平衡点，确保译词以译入语惯常表达方式再现原词意境，激发译入语听众审美共鸣。

歌声是拉近各国人民心灵与情感的最便捷通道。不论是《莫斯科郊外的晚上》《欢乐颂》《友谊地久天长》《北国之春》等外国歌曲汉译作品，还是丹麦摇滚乐队 Michael Learns to Rock 的《传奇》英文版以及荷兰爵士乐抒情天后 Laura Fygi 的《夜来香》法语版等作品，各国语言与旋律的相互交融总能散发出无穷的魅力。我们深化歌曲翻译研究、提升歌曲译配水平，将更多外国优秀歌曲通过歌词译配演唱直抵中国人的内心，将更多中国优秀歌曲通过译配得以在国外传唱，在构建人类命运共同体进程中发挥艺术的独特作用。

[项目基金] 本文系天津市教委科研计划项目"汉语歌曲英译可唱性策略研究"（编号：2019SK102）的阶段性成果。

【参考文献】

[1] 郭建中. 当代美国翻译理论 [M]. 武汉：湖北教育出版社，2000：4.
[2] 谭载喜. 新编奈达论翻译 [M]. 北京：中国对外翻译出版公司，1999：56–57.
[3] 王文华. 翻译的概念 [M]. 北京：外文出版社，2007.
[4] 谢天振. 建立中国译学研究的文艺学派 [J]. 外国语，1995（4）：26.
[5] 薛范. 歌曲翻译探索与实践 [M]. 武汉：湖北教育出版社，2002.
[6] 尤静波. 歌词文化鉴赏教程 [M]. 上海：上海音乐出版社，2015：6.
[7] 张晔，林克难. 基于卡特福德理论下的歌词翻译等值成分研究 [J]. 音乐传播，2019（2-3）：166.
[8] 周领顺. 译者行为批评中的"翻译行为"和"译者行为"[J]. 外语研究，2013（6）：72.

Two Strategies of Singability Improvement for Song Translation

Tianjin Conservatory of Music *Zhang Ye*

Abstract: The thesis provides two strategies for the English song translation into

Chinese, which consist of seeking similarity in phonetic features and maintaining differences in language, culture and thinking mode, to improve the singability of translation songs.

Key words: song translation; singability; phonetic features; rewrite; translator's subjectivity

翻译理论

翻译本体研究之研究

郑州大学 孙剑峰[①] 顾俊玲[②]

【摘　要】翻译本体是译学发轫之本、发展之元。翻译研究中的多次"转向"丰富了翻译研究的视角和途径，但也导致了翻译本体的错位与缺失。在此背景下，本文梳理近 20 年国内学者对翻译本体的认知与阐释，探讨翻译本体从转向到回归的演变，提出翻译本体宏、中、微观的重构视角，勾勒出翻译本体的三维参照体系，旨在推动译学的稳定发展。

【关键词】翻译本体；本体重构；三维参照体系

　　近二十年，翻译研究呈现出研究视角多元，路径多变，方法多样的趋势。各种"转向"涌入译学，从历时看，前有"语言学转向""文化转向""认知转向"，近有"全球化转向""技术转向"等。特别是文化转向对译思、译论和译学的影响显而易见。自文化转向开始，翻译的描述和阐释日益丰富，翻译研究得以拓展。不过，翻译的外延也因此泛化、模糊，致使翻译本体的阙失与错位。在此背景下，本文考释了近 20 年国内学者对翻译本体的探讨，简析了翻译本体的流变，探讨了宏观、中观、微观的建构路径，建立了翻译本体的三维参照模式，以厘清翻译本体，夯实译学发展之本。

[①] 孙剑峰（1995— ），博士研究生，研究方向为翻译学。邮箱：473045657@qq.com
[②] 顾俊玲（1976— ），副教授、博士生导师，研究方向为翻译学、外语教育。邮箱：Najar2018@zzu.edu.cn

一、翻译本体的耙梳与考释

厘定基本术语，确立核心概念对学科发展重要且必要。翻译学是一门年轻的学科，其茁壮成长离不开术语体系的建构。翻译本体作为翻译学的核心术语，对译学行稳致远至关重要。本文是对"翻译本体"研究的研究，故而，对"翻译本体"概念的考释属元问题，更要正本清源。

（一）翻译本质≠翻译本体

透过近二十年国内翻译本体研究的镜像，部分研究中存在着本质与本体混淆不清的现象。对此，张柏然（1998）明确指出了二者的区别。具言之，本质重在把握对象"是什么"，本体则强调对象"如何是"。相较而言，翻译本质是对翻译内涵的追问，翻译本体则是对翻译存在的思考。本体与本质虽有区别，但谈到翻译本体自然绕不开翻译本质。从本体反观，翻译本质是开展形而上学思考、探求翻译有无普遍性这一哲学问题的基本出发点，亦是其他一切翻译问题的起点（黄忠廉、方仪力，2017）。因此，在辨析本体前，有必要梳理学界对翻译本质的认识。

译界有关翻译本质的认识，主要聚焦"翻译是什么样的活动"和"翻译是什么样性质的活动"两大问题。研究前一问题的学者致力于给出一个完美普适的定义，而探究后一问题的学者在翻译的科学及哲学属性方面相持不下。

"何为翻译"到底是科学问题还是哲学问题，总的来看，分为三大类，即翻译本质的科学观、哲学观以及科学—哲学调和观。有赞同的观点强调，"凡是研究翻译的人都知道这（翻译是什么）是个哲学问题，是对翻译本质的形而上追问，是对翻译研究元理论的思考，属于翻译本体论的范畴图"（陈大亮，2007）。反对的观点则认为，"从马克思主义哲学观来看，'翻译是什么'是一个具体科学的问题，不是哲学问题，应当由翻译学这门具体科学加以解决"（王瑞东，2011）。随着实证主义方法、超学科路径在译学中的出现，有关"翻译是什么性质的活动"逐渐呈现出科学观与哲学观的融合。科学与哲学从古至今有着不可分割的关系。哲学孕育了科学，科学是哲学的部分，因此，有关翻译是哲学还是科学的问题，彼此之间相互依存，相互联系。除此之外，在多元、系统、综合的研究方法下，"翻译性质"的归属基于并跨出了科学和哲学范畴。蓝红军（2015）对翻译本质的多维属性进行了论证，并尝试建立翻译本质的三维模型，从形态、功能和发生条件维度加以观照，强调翻译呈现出多元共生的本质。坚持多元视角看问题的方法论，清楚认识翻译本质的基本特点，才能对翻译本质作出更合乎实际的解释（曾平，2011）。

如果说，翻译是哲学，还是科学的问题尚有调和的空间和理据，那关于"翻译是什么"的问题，译界始终难以达成共识。考据现有文献，能收集到的翻译定义不胜枚举，呈现出数量多、视角广的特点。从下定义的视角来看，有基于语言层的，如张培基（1980:7）将翻译定义为"运用一种语言把另一种语言所表达的思维内容准确而完整地重新表达出来的语言活动"；立足语言扩展到文化层的，如王克非（1997:47）的"翻译是译者将一种语言文字所蕴含的意思用另一种语言表述出来的文化活动"；依托符号学和跨文化融合的，如许钧（2004）的"翻译是以符号转换为手段，意义再生为任务的一项跨文化的交际活动"；还有从认知视角出发的，如王寅（2017）的"翻译是一种认知活动，语言转换仅是外在的、表面的，认知运作才是内在的、深层的，因此翻译研究更重要、更基础的应考察认知层面上的运作认知源自我们与世界的互动体验，在翻译过程中必然要触及到语言之后的'认知'和'现实'这两个基本要素。翻译时既要考虑各自民族背后的认知机制，也要分析形成认知机制的现实环境"；随着人工智能的快速发展，翻译的内涵和外延也在发生着变化，出现了符合时代特点的新定义，如黄忠廉、袁湘生（2017）的"翻译是人或／和机器将甲符文化变化为乙符以求信息量相似的智能活动和符际活动"。

由上可知，从这些定义中很难找到一条贯穿始终、完全普适性的定义。不同历史时期，依据人类对翻译定义的共性特征，可大体划分出四个阶段，分别是附着于语言的翻译定义阶段、翻译定义的文化转向阶段、哲学视角下的翻译定义阶段及翻译定义的开放包容阶段（吴长青，2021）。尽管如此，通过各学者对翻译的体认，可发现，翻译本质与"实践""经历"等行为或过程是直接相关的。需要注意的是，对翻译是什么的追问不是将人引向僵化的答案，而是海德格尔所说的那种"向前探问，是一种融入思辨的追问或形而上的发问，这种追问会使我们更接近事物的本质"（崔永禄、李静滢，2004）。因此，关于翻译是什么、翻译存在的问题被讨论过、讨论着，还将继续讨论下去，这也为翻译本体的多元思考提供了理据，为译学的发展提供了动力。

（二）翻译行为本体观

翻译本质是翻译本体研究的起点，厘清本质，才能进一步探讨本体。综合考察学界对翻译本体的探究，该问题的观点主要集中在形而上和形而下两个层面。在许钧（2004）看来，首先，应从哲学的意义、本体论的意义上，弄清翻译这种人类活动的存在本质，即它到底是一种怎样的活动？其次，翻译作为一种实践活动，其具体活动形式到底是什么？人们力图翻译的是什么？这说明翻译本体的内涵实际上指的就是翻译活动的根本性质及其表现形式。换言之，既要有对翻译的形而下思考，又要站在形而上的高度的反思。

首先，基于形而下的思考。翻译本体是指翻译作为一种活动的存在，包括构成翻译行为的根本要素，即作品、译者、译作和译作的接受者，及其内在关系，即理解、再现和接受关系。其中，译作或翻译文本的语言特征和译者翻译的认知过程是翻译本体研究的重要内容（胡开宝、韩洋，2017）。高雷（2013）的观点与之相似，翻译作为实践行为的存在，可把翻译本体描述为构成翻译行为的根本要素及其内在关系。诸如此类对翻译本体的阐释，聚焦于翻译行为的要素及其内部关系，是指具体的"在者"，如作者、译者、读者等。除翻译作为一种活动的存在，还有部分学者持翻译的语言本体观，认为语言即翻译本体。黄振定、王凤兰（2011）基于翻译与语言、文化等的远近关系，论证翻译是一种特殊的语言活动，因此翻译的本体只能是语言而非文化，翻译学隶属于语言学。喻锋平（2012）在其博士论文中归纳分析了前人的翻译定义，提出翻译本体是语言的判断。对翻译本质的概括不管从什么角度来看，翻译本质上就是现实的一种双语转换活动，都要回到基本的事实，应坚持翻译的语言本体观。具而言之，翻译本体的形而下阐释围绕行为和语言展开。实际上，从翻译是跨语言转换活动的视角出发，二者的关系并非二元对立，语言是翻译这一行为的载体，是翻译活动所使用的工具。

其次，立于形而上的反思。张柏然（1998）认为，上文提到的作者、译者是翻译实体性的在者，而翻译是在一种特殊的、人类的"生命精神"活动中，因此翻译本体论，即"是论""在论""有论"，宽泛地说，就是存在论。可见，本体论是指所做的形而上学的研究。既然是形而上的研究，则需要从哲学高度思考翻译本体的存在。翻译本体是对"存在"的模仿，翻译本体论是对"存在"中人与翻译关系问题的形而上的理论反思，以及人在"翻译"中的存在表现等问题的理论探讨（蔡新乐，2005：39）。

通过对翻译本质的耙梳和翻译本体的考释，可以清楚地意识到，翻译行为是翻译学最核心的研究对象，抓住了翻译的本质，才能一剑封喉，把握翻译学的本体。对翻译本质的追问是翻译研究的元理论追问，属于本体论范畴。故此，翻译学终需回归追问翻译本质（黄忠廉、方仪力，2017）。这就要求对翻译本体的认知、理解与阐释既要立于形而上的高度，又要辅以形而下的深度，形成自上而下和自下而上式的双向推进。

二、翻译本体的演进与重构

从发展历程来看,译界对翻译本体的认识经历了从跨出翻译本体,到迈入多种"转向",再到回归翻译本体并对其重构的动态变迁。

(一)从转向到回归

"转向"是指立于并超于已有观点,引入新的论点,实现新的发展轨迹。二十世纪七十年代后期,西方学界的文化研究成为主流,随着文化研究的深入,翻译作为文化研究的资源,形成了文化研究的翻译转向,从外部促进了翻译研究的文化转向。也正是因此,翻译研究的范畴发生了由内向外的拓展,研究的视角出现了由原文向译文的转变,研究的方法呈现了由规定到描写、再到阐释的变化,研究的重心也由语言过渡到文化。可见,这种"转向"不仅有用且十分必要。但围绕文化展开的翻译研究始终有些隔靴搔痒,不是翻译的"元"问题。进而导致了对翻译本体的忽视,逐步把翻译研究推向边缘,也使翻译学面临失去自我的危险,对其发展十分不利。

翻译的文化转向有其合理性和必要性,但它又与其他"转向",如哲学上的语言论转向等是有本质上的不同的。对这一转向,要采取一种辩证的态度。一方面,应肯定其积极方面的意义,并从这一视角深入研究在我国翻译实践中的体现;另一方面,必须认识到这并不是翻译研究的全部方向,它只是多元视角中的一个视角,同时应警惕用文化研究取代语言研究,即文化研究对翻译本体研究的剥夺,把翻译本体研究消解在文化研究中(吕俊,2004)。为了避免译学大厦的"摇摇欲坠",回归翻译本体是当下迫切的任务,是焦点也是热点,回归本体,可去浊扬清,可免浮躁,构建基于独立见解的翻译学科(黄忠廉、王小曼,2020)。不过,思考翻译本体回归之际,更要思考是否有"本"可回,有"体"可归,这是回归的充分且必要条件。

(二)"宏中微"翻译本体重构

翻译本体与多元转向之间的跨出与跨回并非难事,但如何构建翻译本体却并非易事。这也是当代译界学者的不断追问和思考。总体上,翻译本体的建构可从宏观、中观、微观入手。

微观:既然翻译是有别于其他知识体系的"自在之物",其他相关学科,如人类学、政治学、经济学等都只是它的参照。翻译学的方法论必须出自或针对翻译学本身，以归结主义方法来把握"译之所以为译"的本质，以及它的规律、机制和属性，并构拟出相应的理论模式（赵彦春，2005）。显然，归结主义方法聚焦现象中核心且本质的东西，既是对翻译现象的归结，也是对翻译方法的归结，进而淡化与翻译本体非直接相关的问题。可以说，该范式就是要把翻译研究归结为翻译过程，聚焦翻译行为这一研究对象。

中观：翻译行为作为翻译研究的核心对象，则需要对行为进行全方位的考量。既然发出了这种翻译行为，便要考虑到行为的主、客和受体，即翻译过程的参与者。毫无疑问，译者作为主体，自然可发挥其主体性，以语篇连贯观为出发点，强调译者主体性的能动发挥，也重视文本对译者理解的定向作用。意义的生成实质上是"主—客—主"关系的构建，原文的理解有赖于连贯的建构，而译文的表达是连贯的重构。因此，语篇连贯的研究视角是本体回归的重要路径（陈伟济，2021）。借助语篇连贯，强调译者在翻译中的能效，是对翻译主体的研究，从属于翻译元理论问题，隶属于理论翻译学的范围。不过，除译者外，翻译还可被视为在一定时空下原作者与译者之间进行的交际活动，是原作者的"不在场"与译者的"在场"、原作者的"初衷"与译者的"再现"之间的互动过程，是一个寻找原型的认知过程，是寻找原始原型与再现原型之间的最佳关联的认知过程，即以最小的认知努力获得最大的语言表征（译文）（蔡晓斌，2020）。可见，原型理论也为构建翻译本体的提供了新的参考路径。

宏观：翻译本体探讨翻译"如何是"、翻译存在的问题，是其他翻译问题的出发点，也是是翻译学的根基。翻译本体与译学本体相辅相成，由翻译本体到译学本体，方梦之（2006）提出"一体三环"的建构模式，一体即译学本体，三环即语言学内环、交叉学科中环和文化外环。如此一来，形成了由内向外的连续系统，使翻译研究成为真正意义上的多学科、多层次、多维度、全方位的研究。"一分为三"的研究方法强调了译学本体的地位，还突出了从二十世纪五六十年代语言学到七八十年代哲学、思维学等相关学科，再到九十年代的文化转向的动态过程。"一分为三"的方式清晰地展现了以译学本体为核心，以其他组分为辅助的翻译学体系。同时，也可从"本体"与"关系"这两个主要方面出发，既抓"翻译本体"这个核心，又能兼顾与其他要素之间的关系。在各学科不断交融的时代，纯理论取向或单学科创新愈发困难，因此单学科无法解决问题时，可借超学科模式，用综合思维解决译学本体问题，还可从本体与关系的双轨建构模式出发，坚守译学，正本清源，从根上发掘译学资源。本体译学和关系译学并行推进，互助协作，固本拓新，共建译学（黄忠廉、王小曼，2020）。宏观上的"一分为三"和"一分为二"都是以翻译本体作为翻译研究的出发点，重申本体译学的应有地位，强调只有回归翻译本体才能建立真正的翻译学科。

翻译本体的建构迫切且艰难，译界学者仍要把"行为"作为翻译研究的根本性存在，并试图从此出发。微观上，采用符合翻译学科的方法，夯实翻译本体；中观上，借助契合的理论，推动完善翻译本体；宏观上，立足本体译学，拓展翻译学发展体系。最终形成从本质、本体到翻译研究的连续向好态势，推动译学发展的稳中求进。

三、翻译本体的三维参照

翻译本体的建构应有参照可依。从宏观、中观、微观上审视翻译本体，则相对应地要从认识、方法和目的三个维度为翻译本体提供参照。本体要解决翻译是什么或翻译存在的问题，认识和思考翻译如何运作的问题。本体是认识的来源，认识则有助于看清本体（黄忠廉、张潇，2020）。的确，没有本体，认识便无从说起。不过，为了更立体、全面地探清本体，除认识外，也离不开方法和目的助力。如此一来，从三个不同的维度考量同一对象，会得到对翻译本体更加全面的认识。

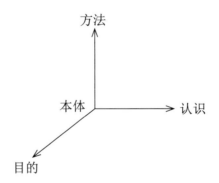

这三个维度为翻译本体的研究提供了三个参考向量。作为翻译研究的根基，翻译本体是认识的客观对象，为认识的持续推进提供了基础。反过来，新的认识也会继续深化对翻译本体的研究，形成良性循环。认识为解释、分析和论证本体提供理据，使翻译本体研究言之有物且言之有理。在此过程中，方法是认识翻译本体的工具和手段。可以说，有什么样的本体，就应匹配什么样的方法，进而推动对本体的认识。目的是认识翻译本体的源动力，是推动方法革新的再生力。如果说翻译本体转向的目的是开拓翻译研究的边界，增加研究的描述性和阐释性，那回归翻译本体的目的则是学科发展的反思之需，从而避免译学偏离自我发展轨道，迷失方向。

总的来说，三维之间在"三观"上各有其特点。微观上，可沿各自坐标轴呈线性发展。中观上，认识与方法、方法与目的、认识与目的可相互结合，相互推进，在各自象限内呈平面发展。宏观上，以本体为原点，向外辐射认识、方法与目的，三者又向内辐集本体，在三维参照系统内呈互联发展，最终形成线、面、体的立体发展模式，勾勒出翻译本体的三维参照体系。

结语

翻译本体的研究虽有曲折彷徨，但一直在前行，始终在路上。从概念考释出发，回顾近二十年翻译本体的演进，梳理了从回归到重构的动态变迁，建构了翻译本体的三维参照。质言之，聚焦翻译本体，更要放眼本体之外的其他问题。具言之，翻译本体研究应辐射、辐集并行，变"离心"发展为"向心"发展。概言之，翻译本体是译学行稳致远的压舱石，既能固译学之本，又可拓译学之新。

【参考文献】

[1] 蔡晓斌. 翻译本体探究的原型论途径 [J]. 海外英语，2020（13）.

[2] 蔡新乐. 翻译的本体论研究 [M]. 上海：上海译文出版社，2005.

[3] 陈大亮. 翻译本质的形而上反思 [J]. 天津外国语学院学报，2007（1）.

[4] 陈伟济. 语篇连贯：翻译研究的本体回归 [J]. 齐齐哈尔大学学报（哲学社会科学版），2021（6）.

[5] 崔永禄，李静滢. 翻译本质与译者任务的一些思考 [J]. 外语与外语教学，2004（3）.

[6] 方梦之. 译学的"一体三环"——从编纂《译学辞典》谈译学体系 [J]. 上海翻译，2006（1）.

[7] 高雷. 翻译本体与翻译学体系 [J]. 山东外语教学，2013（5）.

[8] 胡开宝，韩洋. 近15年国内译学研究现状、问题和走向 [J]. 外语教学与研究，2017（2）.

[9] 黄忠廉，方仪力. 基于翻译本质的理论翻译学构建 [J]. 中国翻译，2017（4）.

[10] 黄忠廉，袁湘生. 翻译观认识论过程例话 [J]. 外国语言与文化，2017（1）.

[11] 黄忠廉，王小曼. 2020翻译学科双轨创建范式论 [J]. 中国翻译，2020（3）.

[12] 黄忠廉，张潇. 翻译学科百年：演进、反思与趋势 [J]. 上海翻译，2020（6）.

[13] 黄振定，王凤兰. 翻译的语言本体观辨识 [J]. 外语与外语教学，2011（3）.

[14] 蓝红军. 何为翻译：定义翻译的第三维思考 [J]. 中国翻译，2015（3）.

[15] 吕俊. 论翻译研究的本体回归——对翻译研究"文化转向"的反思 [J]. 外国语（上海外国语大学学报），2004（4）.

[16] 王克非. 论翻译研究之分类 [J]. 中国翻译，1997（1）.

[17] 王瑞东. 关于翻译本质和定义的若干哲学问题与逻辑学问题 [J]. 外语研究，2011（1）.

[18] 王寅. 基于认知语言学的翻译过程新观 [J]. 中国翻译，2017（6）.

[19] 吴长青. "何为翻译"的哲学审视——兼论本雅明对"翻译"定义的贡献 [J]. 湖北大学学报（哲学社会科学版），2021（3）.

[20] 许钧. 翻译价值简论 [J]. 外语与外语教学，2004（1）.

[21] 许钧. 当代法国翻译理论 [M]. 武汉：湖北教育出版社，2004.

[22] 喻锋平. 翻译研究"转向"现象的哲学观照 [D]. 湖南师范大学，2012.

[23] 赵彦春. 翻译学归结论 [M]. 上海：外语教育出版社，2005.

[24] 张柏然. 翻译本体论的断想 [J]. 外语与外语教学，1998（4）.

[25] 曾平. 翻译本质何处寻？[J]. 文学界（理论版），2011（10）.

[26] 张培基等. 英汉翻译教程 [M]. 上海：上海外语教育出版社，1980.

Research on Studies of the Noumenon of Translation

Zhengzhou University *Sun Jianfeng, Gu Junling*

Abstract: The noumenon of translation is the foundation and origin of Translation Studies. The turns in Translation Studies have enriched the perspectives and approaches of research, but have also led to the misplacement and absence of the noumenon of translation. In this context, this paper sorts out the comprehension and interpretation of the noumenon of translation by domestic scholars in the past 20 years, clarifies the evolution of the noumenon of translation from turns to return, proposes macro, medium and micro construction perspectives, and outlines the three-dimensional system of the noumenon of translation with the purpose of promoting the steady development of translation studies.

Keywords: the noumenon of translation; reconstruction of the noumenon of translation; three-dimensional system

林语堂中国翻译美学体系的构建

广东外语外贸大学　孙一赫[①]

【摘　要】本文以林语堂译作为基础,分析林语堂中国翻译美学体系的构建。林语堂说,翻译是一门艺术。他立足中国传统文论与美学理论提出,翻译要体现和再现原文在"声音""意义""形式""文气"和"传神"上所展现的美感,实质上是借助语言转换的形式实现中国美学的跨文化传播。"五美"相互独立,各有侧重,但又相互联系,从言语到文学到作者人文最终深入艺术,构建中国翻译美学体系。

【关键词】林语堂;中国翻译美学;翻译五美

引言

林语堂先生说过:"翻译是一门艺术(translation as a fine art)"(林语堂,1933:305)。林语堂先生在《论翻译》中明确表示翻译应该遵循三个基本原则:忠实、通顺和美。这就是说,翻译不仅要忠实、准确、充分、通顺地完成文字层面的转换,让身处异语文化环境的读者能够读懂理解原文内涵,更是一种艺术形式,是为了完成某种艺术使命而进行的工作和事业。那么翻译中的美是什么,又如何通过翻译实现这种美?林语堂认为:"凡文字有声音之美、有意义之美、有传神之美、有文气文体形式之美"(林语堂,1933:510)。这就是说,原文中包含"五美"元素,分别为音美、意美、形美、气美和神美,在翻译中实现美就是将这五美元素进行转换和

[①] 孙一赫(1995—　),广东外语外贸大学翻译学博士研究生,研究方向为文学翻译与跨文化研究。邮箱:353507066@qq.com

重现，借此展现中国美学和文化精髓。这便是林语堂的翻译美学思想。

针对林语堂的"五美"思想，不少翻译家提出了质疑，许渊冲认为："林语堂的'气美'不知何指，'神美'可以归入'意美'之中，所以还是鲁迅提的'三美'就够了"（许渊冲，2016：212），认为林语堂提出的五美在所指上有重复。但其实，林语堂的翻译五美在表现形式、对应层次上均有所不同，五美之间呈现相互独立，但又相互联系，由表及里、从字词到作者再到文化，最终走向艺术，层层深入，共同构建起林语堂翻译美学体系，彰显中国文学和美学气韵。本文将以林语堂译作为例，分析其中国翻译美学思想与中国翻译美学体系的构建。

一、音美：声音与音韵之美

"音美"对应文字的"声音之美"，包括"发音"与"音韵"两种具体表现。"音美"原则要求译者在翻译中要将原文通过声音所展示的美感展现在译文之中，让目的语读者通过译文感受到这种声音的美。

（一）语音之美

语音是承载语言审美信息的基本手段之一（赵睿，2017：53），在语言中发挥着独特的魅力，为语言文字增添美感。语音是体现语言和文化特色的最直接的手段，通过独具特色的语音，文化的特色和内核以及在特定文化中形成的世界观人文观也得以展现，美学意义重大，是文本美学的最基础。作为中国文化的世界传播者，林语堂的作品大多立足中国传统，展现了大量具有语音美的元素，在翻译中，林语堂也尽可能凸显和还原汉语语音之美。语音美在林语堂作品中主要表现在特定名称、方言、谐音的使用三个方面。特定名称包括人名、地名以及文化负载词等，人名如《京华烟云》的"木兰""莫愁""素云"等，这些人名大多带有鲜明的汉语特色，林语堂在翻译中也采用了音译法还原其语音，分别译为"Mulan""Mochow""Suyun"；地名则包含省市名，如"北京（北平）"等，以及景点名，如"什刹海"等，这些地名也均为中国特有，在读音上反映了汉语语音之美，林语堂同样采用了音译法还原语音特色，展现中国特性，译为"Peking（Peiping）""Shishahai"。文化负载词是"某种文化中特有的文化词汇"（刘全国，2020：213），是表示某一种文化所特有的事物和概念的词。林语堂的作品真实展现了中国近代实际社会生活，使用了大量的中国文化负载词，除传统名称或事物如"粽子""状元""词"这类中国特有的文化产物外,还包括中国文化中形成的呼语,包括"奶奶""妹妹""太太"等。这类词大多独具文化韵味,在译语中难以找到对应词,同时如果直接转换会失去文化特色。因此,林语堂也采用了音译法,将其译为"tsuntse""chuangyuan""tse"以及"nainai""meimei""t'ait'ai"。

方言也是展现文化特色极为有效的手段,方言大多带有地方特色,通过独特的发音结构直观展现当地的风土人情,让文学作品更具有韵味。林语堂的作品中也涉及汉语方言的使用,包括《京华烟云》中"啐""逛"等,这类词都是某个地方特有,带有浓厚的文化气息,如果直接翻译便无法体现与汉语官话的区别,其特色也会相对减少。因此,林语堂选择保留声音,但同时加上了汉语对应词并在文本中予以解释,分别译为"tsui'd(啐)…, similar to the English 'pfui'"以及"kuang(逛)or 'play on the…'"既达到了体现语音美的目的,又方便读者理解。

谐音则是充分利用了语音的特点,利用某种语言中几个词语音的相同或相似的特点,凸显美感和幽默感。林语堂的作品展现了大量谐音的使用。《京华烟云》中牛似道与夫人出场时林语堂曾使用民间歌谣进行了详细且幽默的描述,"黄牛扁蹄,白马得得,牛马齐轭,百姓别活。"原文活用了汉语语境下"牛"作为姓氏与"牛"这个实物的联系,借用"牛"来讽刺"牛似道"。这样的手法展现了具有中国特色的发音,并借助发音进一步实现某些文学意图。但这种谐音往往同时涉及音与意两种元素,为了同时保留这两种元素,体现原文美感,林语堂先是在译作中详细阐述了"牛(New)"与"牛(ox)"在汉语中的关系,"Her husband's name 'New' meant 'ox'…",随后将这首歌谣采用直译的方法字对字进行翻译"The yellow ox has cloven hoofs, The white horse goes trot-trot. Ox and horse yoked are together, Woe to the people's lot!",虽然译文中并没有体现"New",但是因为前文已经有了提醒,因此读者能够自觉将这一段反复出现的"ox"与"New"对应起来,音美的效果虽然没有在文字上得以体现,但却在读者心中得到了还原。

(二)音韵之美

音韵是字词按照一定的形式排列获得的声音感受,音韵美是语音之美有机结合而形成的更高等级的声音美的表现形式。字词按照一定的形式排列形成篇章,在这一过程中,带有鲜明源语语音特色的众多字词便会形成声音上的关联,构成音韵之美。音韵之美同样受到源语文化的影响,同时,音韵体现方式的不同同样展现了文化的特色和魅力。因此,在翻译中,译者往往会选择维持这种音韵的美感,从而以此为载体实现更高层次的意图和目的。

林语堂译作选用大量中国古代经典,展现了多样的音韵形式,具有明显的中国美感，特别是对于押韵以及叠字等手法的展现，直观地体现了汉语语境下的声音之美。如在《孔子的智慧》一书中，林语堂选译了孔子名言"无可无不可"，这句话分为前后两个部分，其中，"无"与"可"均有重复的现象，形成了独特的音韵之美，更借此体现孔子的智慧，凸显其身份。林语堂将其译为"No may, no may not"，"不"为"no"，"可"为"may"，均重复一次，与原文的音韵对应，再现了原文的音韵的重复这一美学表现手法。

在《苏东坡传》中，林语堂选译了苏东坡的诗作《饮湖上初晴后雨》，原文为"水光潋滟晴方好，山色空蒙雨亦奇。欲把西湖比西子，淡妆浓抹总相宜"。通读原诗可以发现，原诗的两段最后一个字"奇"与"宜"韵母相同，属于典型的押韵手法，是中国古诗典型的音韵手法之一，带有浓厚的中国特色。林语堂在翻译中予以保留，译为"The light of water sparkles on a sunny day; And misty mountains lend excitement to the rain. I like to compare the West Lake to 'Miss West', Pretty in a gay dress, and pretty in a simple again"在译作中，林语堂同样选择了存在类似押韵关系的"rain"和"again"，极大地维持了原文音韵的美感，让读者感受汉语音韵的魅力。

总之，林语堂的音美是借助声音得以体现的，主要表现在"语音"与"音韵"两个方面，"语音"是"音韵"的基础。音美几乎完全依赖于文字，是美学的基础，也是翻译美学的最基本元素。

二、意美：由意义向意象

"意美"对应"意义之美"，指通过呈现文学作品所使用字词的内涵和隐含意义展现原语文化的美感。

意义之美是通过展现字词在特定文化背景下的意义而体现的美感。文学作品中的字词并非无端产生，而是"作者对生活印象进行艺术加工"而产生（王平，2009:291）。文学的字词"具有复杂的结构和独特的本质"，具有"透明性和穿透性"，"其本身就是思想"。（胡经之，1999:170）这就是说，文学作品的字词往往有极为深厚的意味，译者可以通过字词的使用窥探作者的审美观以及作者所处的文化的核心。

林语堂在译作中选用了大量的具备中国传统文化意义美感的词汇，展现中国文化美学思想。这类词汇大多有两个典型特征，一是词自身带有极强的审美价值，甚至有时不需要语境的烘托和文化的映衬就能够折射美感，二是有的词有极强的文化背景作为支撑，引发读者的思考，产生美感。在林语堂译作中这类词主要包括特定名称和文化负载词。首先，名称反映了意义之美，尤其是人名。如《京华烟云》中的"红玉""珊瑚""银屏"等，这些人名本身已经凸显了美感，都意指美好、珍贵、高雅的事物，除此之外，它们大多有重要寓意，读者不仅能够从名字中体会她们的性格特征，甚至可以遇见人物命运的走向，从而潜移默化地感受中国人的文学观和审美观。"红玉"意为"红色的玉石"，"玉"在中国文化中是圣洁高雅之物，"冰清玉洁""温润如玉"等常用词语都体现了中国人对"玉"的喜爱和赞赏，因此"红玉"单从字面就体现了意义之美。此外，小说中"红玉"之名还直接展现了人物性格，暗示了人物后期的命运走向，红玉本人性情恬淡、谙熟古诗，颇有大家闺秀之风，恰好与中国人对"玉""温润""高洁"的印象相符。同时，红玉一名中，"红"让人联想到血，"玉"虽美却易碎，暗示了后文红玉健康状况恶化，最终无法与心上人结婚，投湖自尽的悲剧结尾。因此，林语堂采用直译法译为"Red jade"，"red"在英文中同样是浓烈的颜色，引发读者的联想，同时，"red"在英文中是"热情""烈性"的象征，同小说中"Red jade"本人安稳恬静的性格形成极大反差，这样的反差更能引发读者的好奇；"jade"在英文中对应"玉"，同样是易碎之物，这样的翻译能够延续原文中"玉"之名的功能，更重要的是，英文环境中"玉"并没有太多的审美价值，以"jade"命名更为译文增添了异域风采，独添一份文化审美意象。"银屏""珊瑚"等也有异曲同工之妙，因此林语堂采用同样的方法将其译为"Silverscreen""Coral"。

此外，特定地名也能体现和反映意义之美，如《京华烟云》中的"暗香阁"，与"红玉"一类相似，自身表达了强烈的美感。"阁"本身为"书房"，供人学习看书陶冶性情，与"暗香"一词组合更让此处蒙上"唯有暗香来"的文学之意。此外，"暗香斋"还与小说中的重要人物——木兰的贴身丫鬟"暗香"存在互文关系，后期木兰也以此调侃，这就让这处地点有了更为重要的铺垫小说意境和情节的功能，增添意义之美。林语堂同样采用直译法，译为"Dim Fragrance Studies"，"fragrance"在英语语境中本身就有高雅的寓意，加上"dim"更增添几分幽雅。另外，由于英语语言的特性，"dim fragrance"的组合是"视觉"与"嗅觉"的叠加，反而增添了一份在英文语境中的美感。另外，"Dim fragrance"也是英译版中"暗香"这一角色的名字，这样在文中的互文对应关系就得到了维持。

文化负载词也是意义美的体现要素，如《浮生六记》中提到的"桃花源"。"桃花源"意为"桃花盛开之泉"，自身就能够引发读者的无尽想象，同时这个词在汉语语境下还拥有丰富的历史文化底蕴，让人联想到陶渊明笔下不受世俗干扰，没有战乱，人人安居乐业的世外桃源，形成在中国传统文化背景中的独特意义之美。为了凸显这种关系，林语堂一方面采用直译法将"桃花源"翻译为"Peach-Blossom Spring"，维持"桃花盛开之泉"这一图像，让这个文化负载词在译语读者脑海中产生相关的情景，同时在后文加注"Reference to an idyllic retreat mentioned in an essay by Tao Yuanming. —Tr."让外国读者了解字面意思随后根据前后文的关系了解背后的寓意，感受意义之美。

由此可知，意美是借助字词的意义得以实现的美学元素，相对于音美的声音展现，意美相对隐晦，在文本中常常需要对字词进行分析才能理解。

三、形美：形式文体魅力的展现

"形美"对应"文体形式之美"，包含"文体"和"形式"两个基本部分，要求译者维持文学作品的文体和行文篇章的形式，从而传递和转换原文的美感。

（一）形式之美

"文学作品是一个有机整体结构，其各组成要素之间前后衔接，上下照应"（王平，2009:331），字词按照一定规律组合在文章中体现的美感就是文学作品的形式之美。文学作品"通过词句的巧妙组合和安排来表现意向结构和审美意境"（王平，2009:331）。文化背景影响了读者的基本文学观，让作者在写作中不自觉地对字词进行富有特色的组合，从而展现不同的文学形式，构建语法结构、表现形式和逻辑结构等元素的审美观，构成具有文化特色的形式美，这在林语堂作品中突出表现在其对中国古诗的翻译。

林语堂作品和译作中引用了大量中国古诗词和经典古文，全面地展现了中国特色的形式之美，如《浮生六记》中的"兽云吞落日，弓月弹流星"一句，这是经典的绝句，采用了中国特色的对仗形式，特点为字字相对，格式工整。诗句中"兽云"对"弓月"，"吞"与"弹"两个动词相对，"落日"与"流星"相对，展现了古典中国语言的形式美，颇具审美意趣，而林语堂在翻译中维持了这种形式之美，译为"Beast-clouds swallow the sinking sun, And the bow-moon shoots the fading stars"，译文完全维持了原文的对仗工整，两边字数几乎相等，同时"beast-clouds"与"the bow-moon"、"swallow"与"shoots"、"the sinking sun"和"the fading stars"的对应关系也与原文完全相同，诗句翻译也遵循了忠实和通顺的翻译原则。更重要的是，通过维持形式的对等，林语堂将汉语古诗中的节奏感和韵律感也展现给读者，让读者在理解的基础上感受中国文字形式和透过表面文字传递的韵律的美感，堪称形式美学翻译的典范。

（二）文体之美

文体是指文学作品所属的文学体裁。龚光明认为"文体是指一定的话语秩序所形成的文本体式，它折射出作家、批评家独特的精神结构、体验方式、思维方式和其他社会历史、文化精神"（龚光明，2004：118）。在文化的影响下，各民族文明采用的文体往往有所不同，形成独具特色的文体之美。

林语堂作品大多沿用中国特色文体，如中国古诗、文言文以及中国特色的小说和散文文体等，通过这种文体形式建构文学作品的中国特色，展现中国传统文体之美。在编著和翻译中，林语堂尽量保留中国文体，传播中国美学。《孔子的智慧》中林语堂选译孔子名言"无可无不可"为"No may, no may not"，原句为典型的中国文言文文体，结构简单，用词讲究且简练，但内涵和智慧无穷。在翻译中林语堂基本采用了"字对字"的翻译方法，"无"对"No"，"可"对"may"，"不"对"not"，再按照原文的文体形式将英文单词排列起来。从译文来看，译语的语法结构和文体形式完全沿用原文的中国特色文体，与英语语言似乎格格不入，但这种翻译在最大程度上还原了原文文体。这种文体形式用字极少，其内涵仅通过字面无法理解，但这正好给了读者无限的理解和想象的空间，即中国文学强调的"留白"，也是这种文体最大的特征。将其保留，译语延续了原文文体的特点，不符合英语语言习惯的文体反而让读者产生无限遐想，从而促使读者猜测其中的内涵和包含在其中的哲学精髓，如此一来，中国传统文体的魅力便淋漓尽致地得到发挥。

此外，对于中国传统诗歌文体，林语堂同样予以保留，如上文提到的《饮湖上初晴后雨》一诗，由译文可以看到，林语堂并没有改变原诗的文体，而是尽量维持和展现这种中国七言律诗的文体形式，让读者感受中国诗体之美，并由这种文体感受中国古代文人的气质和中国文化的精髓。另外，对于小说，林语堂在翻译中也尽量维持其中的中国特色文体，如《浮生六记》。林语堂翻译的《浮生六记》没有将原文的中国小说文体改编成西方小说的叙事文体，而是保留了原文的文体形式，依然采用原文的叙事文体方式，特别是破碎叙事的风格，颇有妻子死后作者过于思念从而提笔回忆与妻子的幸福点滴之感，让译文能够体现作者的思想和意图，同时让译文流露出浓厚的中国韵味。

总之，"形美"是篇章形式和文体的结合而产生的美学元素，相较于音美和意美，形美虽然需要借助字词的组合来体现，但是已经脱离了单独的字词，以篇章为最小的体现单位。

四、气美：人文气质之美

"气美"对应"文气之美"，"气"即"气质"，要求译者展现和传递作品和作者和笔下人物与原文文学气质之美。

气质是一个人风格的展现，体现着作者的世界观和人生观，更代表作者背后的文化和国家的审美观。李咏吟曾说："文学作品是通过作者自由地运用语词构造自由的句法表达'个性形象''生活情景'和'生命价值的话语体系性文本'。"（李咏吟，2003：147-148）作者不可避免会受到其所在文化的影响，形成鲜明的具有文化特色的性格气质，在作品中就会不自觉地凸显自己的文化气质。同时，作者气质的承载体往往是其笔下的人物，通过人物的气质展现自身的气质。王少娣曾在论文《林语堂文化翻译观的互文性分析》中写道，林语堂笔下的人物与中国传统佛儒道文化有极强的互文性，几乎都受到这三种思想和文化的影响，是中国文化思想的具象化。

《京华烟云》中的姚思安具有典型的"道家精神"，是"道家思想"在林语堂小说突出的具象化表现，小说中多次直白地表明，姚思安崇尚"道家文化"，在开头对人物的介绍就说明了姚思安年少时是纨绔公子，但后来因为信奉道家思想，性情大变。这都体现了其"道"者的形象和人格气质。另外，小说对其自身的描写也处处展现这一形象，如在小说开始时他携带家眷南逃躲避战乱，面对木兰的提问曾说："玉器始终是玉器，而铜器终归是铜器。"他并没有回答"玉器应该如何处置"这一问题，而是"顾左右而言他"，但这其实就是道家思想"道"的体现，世间万物均有其"道"，不必苛求，不必过多纠结，顺其自然，"无为而治"，方为人生大智慧。另外，林语堂还对姚府的布景着墨颇多，姚府的一景一物"虽不奢华，但却意趣无限"，这正是道家思想纵情自然，在自然中解放自我，人性与自然交融等思想的体现。通过这些描写，姚思安"道者"的形象便得以确立，文气之美跃然纸上。

在翻译过程中，林语堂几乎保留了上述描写特征，在描写姚思安时便频频提到"Tao"，在读者脑海中确立其基本形象气质，同时，保留了对其本人的语言、动作甚至是心理和对与之相关的事物的描写，如上文提到的答句，林语堂将其译为"Jade will be jade, and bronze will be bronze"维持了基本意义，但与上下文的关系甚至与中国文化的关系就形成了空白，让读者自行结合前面的"Taoist"这种形象进行揣测。此外，还保留了原文大量的对姚府陈设和景物的描写，让"道家"思想通过这个人物及其周围环境更加清楚地显现在读者的头脑之中。正是通过这样的翻译方式，林语堂将一个一个的意象串联起来，共同建构姚思安的道者形象和气质，让读者在译语环境中感受这种文气之美。文学作品往往包含多种不同性格的人物形象，不同的人物相结合最终形成了文学和文化的气质，文气之美便得以彰显。

文气之美就是借助字词和篇章达到对人物个性气质的展现，再通过各类人物的融合形成文学文化的气质和风格。"气美"往往无法在某一特定的篇章或片段以及某些词语得到体现，需要全文各类元素的交织和结合，对读者形成明示和暗示作用，让这种直接形成于文化环境中的虚拟的气质在某个人物身上具体化、形象化，在美学中属于隐形美学，对应美学的文化层面。

五、神美：传神之美

"神美"对应"传神之美"，是美学的最核心，神美的实现是文学作品脱离文字和文学走向艺术的关键。

"传神，即活跃生命的传达，其实是意象返回于艺术家内心，使事物生命节奏与艺术家心灵节奏交相感应，景与情交融互渗在艺术上的表现。"（汪裕雄，2001：82）传神之美是将原文展现的具有审美价值的意象与作者的感情结合，而这一环节恰恰是文学意境形成的关键。在中国传统文论与美学理论体系中，意境主要有审美意象与作者情感组成，二者相互结合，相互弥补，共同构建了模糊、虚实相生为基本特点的美学意境，构成中国文学的最高境界，意境也是文学彻底脱离文字走向艺术的关键一步。

（一）意象之美

意境是"由意象群组合而成，浑融诸意象，而超越于意象之和"，是"意象与意象，意象与情感相融合所产生的一种艺术境界和氛围"。文学作品的字词是作者从实际生活和文学背景中挑选的意象并经过进一步深入审美处理的结果，体现作者自身的审美意象，并展现作者所处文化背景下形成的审美观。而字词，特别是包含丰富文化特色的字词的结合必然导致意象的叠加，配合作者在作品中表达的情感，形成独特的意境，构建文学意境之美。

意象本质上是"艺术形象"，"是文学作品艺术价值的核心"。"语言本身是抽象符号"，"富有暗示性，能够激发读者想象，在读者头脑中唤起生动优美的意象和画面"（王平，2009：291）。意象源自带有美的意义的字词，但同时又能够通过自身的意义和在文本中的作用，延伸自身的意义，构建一个一个的图像，在读者脑海中形成完整的图景。从这一点来说，意义是意象的基础，意象是意义经过美学思维和美学手法提炼之后形成的更高层次的意美成分。意象是作者价值观、审美观的体现，具有极大的审美价值，它们所反映的意象也是意美的重要组成部分。

中国传统美学在佛儒道的影响下极为重视"意象"，在文学作品中，作者往往不直接说明自己的情感和意图，而是借助一个一个的审美呈现和罗列，含蓄地述说自己的真实意图和感情。所谓"寓情于景""借物抒情"，也就成为汉语文学的典型特色，这一点在林语堂作品中也多有体现，在翻译中他也极为强调这种"意象之美"的还原与再现。如上文提到的《饮湖上初晴后雨》。原诗是写雨后西湖的美景，但是其实是借助这种美景展现自身的情怀与人格追求。因此，在翻译中，能否还原意象、延续意象对于全诗的重要作用对美学的传播影响重大。分析原诗可以发现，原诗的审美意象主要包括"水光""山色"以及"西湖"，这些都是实景，也应该是苏轼看到的真实存在的雨后西湖的景象，但是，苏轼的诗并非完全意在写景，这里面每一个意象背后都寄托诗人的情怀，在美学上都是审美意象，是作者思想感情抒发的媒介。在译文中，林语堂保留了这些意象，"the light of water""misty mountains"以及"West Lake""Miss West"与原文几乎对等，维持原文似语非语的意象。

（二）情感之美

意象构建了意境的框架，给予意境基本的依附，而意境的最终生成需要情感的展现，情感是填充意象组成的框架，让意境最终能够形成的关键。中国文学强调寓情于景，在文学中借实际或想象中的景物或事物抒发自己无限的感情。可以说，在中国文学中，景物大多起到衬托的作用，作者真正想要输出和展现的是隐藏在背后的感情，而也正因为这种思想和原则，中国文学的意境往往存在虚实相生的特点，实的是意象，而虚的则是作者的思想感情。

在上述的《饮湖上初晴后雨》中，全诗从表面上看似乎只是对西湖雨后初晴之景的描写，但是第一句的"好"与"奇"实则揭示了作者此刻的心境。读者从中可以读出雨后初晴，苏轼游于西湖岸堤之上，见湖水在阳光下闪闪发光以及周围之美景，感到自己心弦受到拨动，轻快异常。此处，作者已将自身的情感融入自然景物之中，借西湖美景的描写抒发自我"享受自然""纵情自然"的情怀，形成独特的意境。同时，全诗没有一个字展现作者的心境，但作者自身的舒畅却跃然纸上，凸显了中国文学"此时无声胜有声"之意境，是朦胧意境美的体现。

在译文中，林语堂对原文大量的意象均予以保留，包括"light of water"对应"水光"、"misty mountains"对应"山色"、"West Lake"对"西湖"、"Miss West"对"西子"等，再现原文的景色描写，这样西湖雨后之景得到了彰显。同时，为了进一步体现作者的情感，林语堂首先做了诸多添加，加入了原文并没有的"I"，突出主体，让读者得以将这些景物与作者自身联系起来，形成一个有机整体。另外，林语堂将原文并没有明示于读者的部分做了处理。可以看到，他将"奇"译为"excitement"，由原文对山色的描写改为人物心理的展示，将整体的环境描写所展现的与作者情感联系起来，还原原文那种"朦胧"但同时"景中有情""情喻于景"的微妙意境，与自然融为一体，以自然的美景为自我之乐趣与享受，让读者能够在感叹自然美景时领略作者的人格魅力，从而进一步走进作者的心灵世界和作者背后的文化世界。这种意境在文学作品中的相互叠加，最终形成直抵文化核心的艺术境界，让文化的神韵在意境中得到彰显，从而被读者所领悟和吸收，实现美学最高层次的传递。

神美是传递文学意境之美，是最接近艺术核心的美学元素。神美同样是文字和篇章结合作者的情感和文化背景而形成的艺术境界，自身意境超越了文字和文学，是美学的最高层次，也是其他美学元素的最终归宿。

结语

林语堂强调翻译的艺术性，提出翻译美学即是将原文存在的"声音""意义""文体形式""文气""传神"五种美学元素在译文中实现还原再现，让译作中充满原语文化影响下的美感。五种美学元素相互独立，各有侧重，但是又相互联系，互相交织。"声音""意义""文体形式"作为最基本的美学元素，三者的有机叠加，直接和间接地反映了在原语文化背景下形成的文学作品中人物的"人文气质"；"人文气质"又通过文学作品本身，在字词与篇章的映衬下凸显原语的文化内涵，即神韵。由此，五美之间层层递进，由基础向高级，逐渐偏离字词与文本而走进文学的深处，最终抵达文化的内核，共同建构了林语堂翻译美学体系，在译作中传播着中国的传统美学观念，彰显着中国传统文化的巨大魅力。

【参考文献】

［1］Lin Yutang. *The Wisdom of Confucius* [M]. Foreign Language Teaching and Research Press, 2009.

［2］Lin Yutang. *The Wisdom of Laotse* [M]. Foreign Language Teaching and Research Press, 2009.

［3］龚光明. 翻译思维学［M］. 上海：上海社会科学院出版社，2004.

[4] 胡经之. 文艺美学 [M]. 北京：北京大学出版社，1999.

[5] 林语堂，张振玉译. 京华烟云 [M]. 长沙：湖南文艺出版社，2016.

[6] 林语堂. 孔子的智慧 [M]. 南京：江苏人民出版社，2014.

[7] 林语堂，黄嘉德译. 老子的智慧 [M]. 长沙：湖南文艺出版社，2016.

[8] 林语堂. 语言学论丛 [M]. 上海：开明书店，1933.

[9] 刘全国. 林语堂翻译书写研究 [M]. 北京：高等教育出版社，2020.

[10] 刘士聪. 汉英·英汉美文翻译与鉴赏 [M]. 北京：清华大学出版社，2003.

[11] 李咏吟. 诗学解释学 [M]. 上海：上海人民出版社，2003.

[12] 沈复，林语堂译. 浮生六记：汉英对照绘图本 [M]. 北京：外语教学与研究出版社，2009.

[13] 王平. 文学翻译审美学 [M]. 北京：国防工业出版社，2009.

[14] 王少娣. 跨文化视角下的林语堂翻译研究 [M]. 上海：上海外语教育出版社，2011.

[15] 汪裕雄. 审美静照与艺境创构——宗白华艺境创构论评析 [J]. 安徽大学学报，2001（6）.

[16] 许渊冲. 文学与翻译 [M]. 北京：北京大学出版社，2016.

[17] 张潮，林语堂译. 幽梦影：汉英对照 [M]. 合肥：安徽科学技术出版社，2012.

[18] 赵睿. 翻译的美学研究 [M]. 北京：北京理工大学出版社，2017.

The Construction of Lin Yutang's Chinese Translation Aesthetics

Guangdong University of Foreign Studies *Sun Yihe*

Abstract: This article analyzes the construction of Lin Yutang's Chinese translation aesthetics with his translations. Lin Yutang said that translation is an art. Based on traditional literary theory of China and aesthetic theories, he proposed that translation reflects and reproduces the aesthetic sense of the source text, including those of "sound," "meaning," "form" and "genre", "personalities" and "artistic concept", which in essence aims to realize the intercultural communication of Chinese aesthetics with his translation. The "five aesthetics" are independent, referring to different levels of the literary text, but they are also interconnected, going from the word to the text to the author and in the end to the art so as to build the system of Chinese translation aesthetics.

Keywords: Lin Yutang; Chinese Translation Aesthetics; Five Aesthetics

戈夫曼框架理论视阈下
新冠肺炎诊疗口译研究

西安交通大学 王 非① 晁旭安② 任 徽③ 任潇潇④

【摘 要】新冠肺炎疫情暴发以来,中国与国际组织和世界各国保持紧密联系,并为大量在华外籍人士提供了诊疗服务。由于新冠肺炎高传染性和突发性的传播特点,其诊疗过程中的口译多为远程口译模式,且与常规医疗口译有所不同。本文基于作者参与新冠肺炎诊疗口译工作的经历,借助戈夫曼的参与框架理论对译员的多重角色进行分析。研究发现,译员在大多数情况下作为医方"指定听者"的角色,并常常以"责任者"的身份影响沟通过程。本文提出了"医院—患者—家属—译员"四因素的远程口译沟通模型,并就译前准备、沟通技能、应对策略等方面总结了相关经验。

【关键词】新冠肺炎;诊疗口译;参与框架;沟通模型

引言

2020年,新冠肺炎疫情的暴发引发了一场全球性的公共卫生危机。中国在

---

① 王非(1975—),博士、副教授、硕士生导师,研究方向为口笔译理论与实践、跨文化交际。邮箱:fei@mail.xjtu.edu.cn
② 晁旭安(1996—),硕士研究生,研究方向为医学口笔译。邮箱:lucindachao@stu.xjtu.edu.cn
③ 任徽(1984—),博士、副研究员、博士生导师,研究方向为呼吸与危重症医学。邮箱:renhui@xjtufh.edu.cn
④ 任潇潇(1993—),硕士研究生,研究方向为医学国际合作。邮箱:ieoffice@xjtufh.edu.cn

抗击疫情一线已取得显著成效，同时也在为全球抗疫提供经验与支持，充分彰显了大国风范。全球抗疫过程中，当面临语言和文化的障碍时，医疗口译成为必不可少的语言服务。本文基于作者参与新冠肺炎诊疗的经历，探讨相关口译工作的特点。

一、新冠肺炎诊疗口译的特点

根据美国医疗口译全国委员会（National Council on Interpreting in Health Care）的定义，传统的医疗口译为"发生在各种医疗情景下的口译活动，如医疗工作人员的办公室、私人诊所、医院、家庭医生以及对公众的医疗培训和普及"（National Council on Interpreting in Health Care, 2020）。新冠肺炎由于传染性强、传播途径广泛等特点，导致医患沟通时必须做好防护工作，尽可能避免直接接触（Finset, A., 2021; Huang et al., 2020）。这与传统的需要医患双方在场的医疗口译有所差别。而由于防护工作导致的声音传播失真，其难度也会比普通的远程医疗口译大很多。笔者曾参与若干次针对外籍新冠肺炎患者的诊疗口译，切身体会到其特点以及与传统医疗口译的差别。

（一）非接触式口译

传统医疗口译既有医患双方及译员均在场的现场口译，也有通过电话或通信软件联系的远程口译。根据国际医疗保健交流协会（International Association for Communication in Healthcare, EACH）的一项研究指出，全球范围内的诊疗沟通模式正在因为新冠疫情而越来越趋向于采用远程方式（Diamond et al., 2020），相应的口译服务也趋向使用非接触式的远程口译。与传统口译相比，远程口译具有"非现场性""及时性""成本低"和专业程度高等特征（刘春伟、魏立，2017）。但这样的通信环境通常会造成副语言信息甚至交际信息的缺失，比如无法解读肢体动作、面部表情，甚至有时由于通话效果较差，无法获取全部信息，影响口译质量（Braun, 2013）。

此外，由于新冠病毒的高传染性，隔离病区需要穿戴多层防护服。由于隔离病区的地理位置及防护服和口罩对声音的阻拦，以及信号不通畅，导致现场往往出现听不清的现象。

（二）应急语言服务

应急语言服务是指针对重大自然灾害或公共危机事件的预防监测、快速处置和恢复重建提供快速救援语言产品、语言技术或参与语言救援行动（王立非等，2020）。

在本次抗击疫情的应急语言服务中，新冠肺炎作为一种新型传染疾病，涉及的专业医学术语、概念、缩略语等较多，给没接触过相关疾病防控及诊疗口译服务的译员造成很大挑战（饶高琦，2020）。同时，新冠肺炎一旦确诊，病情发展极快，留给译员与医患双方沟通交流的时间极少，因此得到的信息有限。此外，外籍患者多为在机场检测或酒店隔离期间确诊新冠肺炎，登记的个人信息往往不全甚至缺失。部分外籍患者使用的沟通语言可能并非母语，熟练度较低，为医疗带来更高难度（Brandl et al., 2020）。

二、戈夫曼的参与框架理论及新冠肺炎诊疗的沟通模型

鉴于上述新冠肺炎诊疗过程的沟通特点，笔者采用美国社会学家欧文·戈夫曼（Erving Goffman）的参与框架理论（Participation Framework Theory）分析诊疗口译的沟通过程，探讨译员在沟通过程中所扮演的角色，同时构建新冠肺炎诊疗口译过程的沟通模型。

（一）戈夫曼的参与框架理论

欧文·戈夫曼（Erving Goffman）是二十世纪后半叶美国社会学的领军人物之一，他将日常生活或社会机构中的人际互动作为主要研究对象，尤其关注社会行动中的情境性特征，提出的拟剧、框架分析、印象管理等理论，对社会学、人类学、新闻传播等学科产生了广泛而深远的影响。在《谈话方式》（*Forms of Talk*）一书中，Goffman 提出了"参与框架"（participation framework）理论。其核心思想是：在任何形式的对话中，参与者都会扮演一个甚至多个角色，根据参与角色与方式的不同，参与框架理论内又细分了"产出方式"（production format）和"接受方式"（reception format）（Goffman, 1981）。在"产出方式"中，Goffman 按照谈话内容涉及的责任将"发言者"分为三种角色：(1)"发声者"（animator），可以比作"留声机"或"共

鸣箱",只是对他人话语的重复或转述,其间不掺杂任何个人的情感或观点。(2)"作者"(author),相当于话语的"起草者"或"编写者",他们用自己的话语传达情感或信息,但不需要对信息内容完全负责。(3)"责任者"(principal),表达个人的观点、意见和态度,并对自己的言辞负责。有时,"责任者"不仅是代表自己,也会代表组织或机构发声(Goffman, 1981)。而在"接受方式"中,作为话语接受方的"聆听者"的身份也分为两种角色:"认可听者"(ratified recipient)与"未认可听者"(unratified recipient)。其中,"认可听者"又根据话语指向目标的不同,进一步细分为"指定听者"(addressed recipient)和"非指定听者"(unaddressed recipient),两者皆是被"发言者"认可的听众身份(Goffman, 1981)。

参与框架理论将面对面的交谈活动进行分解,通过分析话语的"产出方式"和"接受方式",重新定义了对话人员的多重身份,并为分析口译员在口译服务中扮演的角色提供了理论依据(任文,2017; Zhang & Wang, 2021)。

(二)参与框架视角下的译员角色

大多情况下,译员担任的是"作者"和"认可听者"当中"未指定听者"的角色。但在医疗口译当中,译员的角色往往更为全面多变。例如,在儿科医院里的译员,往往会根据现场的情况,将自身的角色在医生、病患及其家属之间进行切换,而且这种角色转换往往是以隐形的方式发生(White & Laws, 2009)。此外,医生往往会授权给译员,将主要信息传递给译员后,由译员代表医院与患者或患者家属沟通。在这种情况下,译员代表的是医生和医院一方,主要担任了"责任者"的角色。接受方式方面,译员的典型角色可视为"认可听者"中的"未指定听者"角色。医方与患者方互为指定听者,而译员在其间起到了联通双方的作用(Cox & Li, 2020)。而在新冠肺炎诊疗口译中,由于译员绝大多数情况下和医生处于同一个物理空间,而与患者相隔离,因此,译员更多情况下承担了医方"指定听者"的角色。当在受到患者专门委托时,译员则需要将自己代入双方角色,成为双方的"指定听者"。

由于处理的信息不同,译员角色也会随之发生位移,出现担任"作者"或"发声者"的情况。但总的来说,在新冠肺炎诊疗口译中,译员的实际工作角色主要为"责任者"和"指定听者"。

(三)新冠肺炎诊疗口译的沟通模型

由于新冠肺炎具有高传染性,往往会引发焦虑、恐慌等负面情绪。译员首先要克服自身情绪障碍,同时要做好家属和患者的情绪安抚。在此期间,译员需要承担多重角色，既要做到语言信息上的转换与传达，又要在双方之间起到积极沟通的作用（Cox & Li, 2020）。医生（委托方）通过译者将信息传递给患者或家属（受众）。译者需要鼓励患者、安抚家属，同时将患者或家属的需求或疑问传达给医生。根据这一沟通特点以及译员所承担的实际角色，本文构建新冠肺炎诊疗口译的沟通模型，如下图1所示：

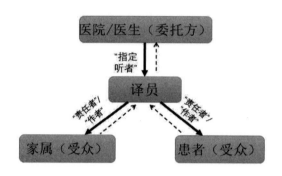

图1　新冠肺炎诊疗口译的沟通模型

三、新冠肺炎诊疗的口译策略与技巧

不同于严肃的医学文献翻译，医疗口译通常是医生与患者之间的沟通。在这个过程中，无论是线上还是线下的沟通，译员都会留下自己的口译痕迹（Angelelli, 2004）。由于就医过程给患者带来的心理压力以及多数患者在医学知识方面的缺失，译员在传递信息时，应谨慎选择译语输出的方式与技巧，以此达到传递信息、促进沟通的目的。

（一）译前准备策略

由于新冠肺炎具备快速发展的特质，从接到诊疗口译任务通知到参与口译留给译员的时候可能十分短暂。在这种情况下，译员应在有限的时间内尽可能做好译前准备，以促进医生、译员、患者或家属三者更好的沟通，达成事半功倍的效果。

首先，译员应提前了解患者姓名、病情进展等基础信息。由于和病患沟通的机会较少，译员可提前侧面了解病患的语音特点，如沟通语言并非病患母语，应提前熟悉病患的口音特色。其次，诊疗开始前译员应提前与医生进行沟通，了解诊疗方案以及交流当中可能会涉及的医学术语、概念、缩略语等，约定好需要传达的信息，以便在接下来的诊疗口译过程中,译员作为"责任者"能够更好地与病患及家属进行沟通。

(二)医学术语的口译策略

(1) 对医学术语的理解

新冠肺炎的诊疗口译经常会涉及特有的医学术语、概念等。例如:气溶胶传播(aerosol transmission)、IgM 抗体检测(IgM antibody test)。医学术语的精准表达对诊疗过程至关重要,错译误译等现象无疑会大大增加医疗风险(Gany et al., 2010)。由于新冠肺炎属于新型疾病,译员在进行口译前,应尽快熟悉相关医学术语,对不理解的部分积极与医生交流,将其迅速内化。

(2) 对医学术语的诠释

由于患者大多没有医学背景,对于专业的医学术语并不理解。译员在进行诊疗口译时,承担的不仅仅是传达术语信息的"作者"角色。在为患者答疑解惑,帮助患者理解术语时,译员更多扮演的是一个展现自身主体性的"责任者"的角色。下面选取笔者参与的诊疗口译中的典型案例予以分析。

例 1.

医生:现在针对新冠患者,有一个很有效的恢复训练叫做俯卧位通气。这个做起来可能会难受,但是还是要建议患者经常做。

译员:Now for the patient, there is an effective rehabilitation training method called prone position ventilation…

家属:Okay, how to do that?

译员:It needs the patient to lie on the stomach and breath. This method might not be that comfortable, but it is good for the patient's lung function. So please persuade him to do this as much as he can.

俯卧位通气为新冠肺炎重症患者诊疗中一项有效的物理治疗措施,简单来说就是让患者趴着呼吸,主要改善患者的呼吸困难症状。在诊疗口译当中,最初译员承担了"作者"角色,将医生的话简单加工后传达给家属。但由于家属心急打断,译员没有完整地传达医生的信息。于是在回答家属的提问时,译员以"责任者"的角色对诊疗内容进行处理,将没说完的信息与对术语的解释整合起来,使用简单语言诠释术语含义(lie on the stomach and breath),帮助家属理解,同时补充训练的好处,请求家属督促患者加强恢复训练。

例 2.

医生：你给患者解释一下这份输血及血液制品治疗知情同意书，主要解释一下我们是要注射恢复期血清，强调一下会有风险但是风险很小。记得让他两份都签字。

译员：In the files, there are two Informed Consent Forms for Blood Transfusion and Blood Product Therapy, one Chinese Version and one translated version. We need to give you the restorative serum transfusion therapy. Right now, there's a problem in your treatment. Your blood can't produce antibody, which means you cannot fight against the virus on your own. Restorative serum is actually the serum from the patient that has fully recovered. Transfusing this serum can give you the antibody in their blood and help you recover as soon as possible. There might be some risks. We have listed them on the sheet. But I assure you the risks are very small. If you have no other questions, please sign on both two versions.

患者：Okay, I'll sign it later.

注射恢复期血清同样为新冠肺炎重症患者诊疗中的一项诊疗措施。恢复期血清疗法是为重症患者注射治愈患者的血清，以帮助重症患者产生抗体，达到治疗目的。由于重症患者自身抗体生产不足，IgM 抗体检测不达标，需要为其注射恢复期血清，而这需要患者或其家属签署相关知情同意书。在诊疗口译时，医生将想传达给患者地信息大致交代给译员，此时译员担任的是"指定听者"。同时，为了方便患者更好地理解知情同意书内容，医生授权给译员作为"责任者"来为患者解释所需签署的文件含义，并用简单语言概括关键术语。

（三）敏感信息的取舍策略

出于对患者和患者家属心情和心理的人道关怀，同时也为了更好地展开治疗，医生在面对患者和家属时往往会采取不同的态度，敏感（关键）信息的传达也会有所取舍。而作为医患沟通的枢纽，译员在敏感信息传递当中的角色更为关键。以笔者参与的诊疗口译为例：

例 3.

医生：这是我们的患者 ××，他现在情况比较危急，需要采取 ×× 方案进行治疗。你给他解释一下情况和治疗方案，不过不要说他的病情。

译员：Hello, Mr. XX, let me briefly introduce your condition and our treatment. Right now you are doing really great, and we really need you to hang in there. Here's your treatment plan…(explaining)…

在这一沟通过程中，医生的话主要是对译员说的，且并不希望译员直接将信息译给患者。此时，译员承担了"指定听者"的角色，并得到了医生的授权，代表医院方与患者交流。因此，在诊疗口译时，译员主要代表了医院方，在此基础上以"责任者"的身份对谈话内容进行整理加工，将不乐观的病情略过不提，对患者多加鼓励，以期望其配合接下来的治疗方案。

例 4.
医生：家属你好，患者现在的真实情况是这样的，不太乐观。……但是为了患者的心情和恢复情况，希望你在跟患者交流时尽量少谈病情，劝他积极一点。

译员：Hello, Mrs. XX. Here is the real condition of Mr. XX. We have to say it is not going well so far…(Condition)… But for the better mood and recovery of the patient, please do not deliver any negative information. It will be great if you can comfort him to be more optimistic about his condition.

面对患者家属时，医生的顾虑会少一些。因此，谈话内容更为真实准确，谈话对象也指向家属。在这个过程中，译员主要承担的是"作者"和"未指定听者"的角色（Angelelli, 2004），因此做好译员本职工作即可，即尽可能客观真实地传达患者病情，并按照医嘱传达注意事项，如不要向患者透露病情、侧面安抚患者心情等，通过家属的参与配合治疗进程。

（四）与患者 / 家属的沟通策略

（1）采取其他手段补充缺失的信息

外籍患者多为境外输入病例，大多在机场核酸检测或酒店隔离期间确诊新冠肺炎。在这种情况下，患者的个人信息获取相当有限。同时，远程口译会造成部分语言性信息和副语言性信息缺失。对此，译员可通过使用一般疑问句重复对方提到的信息进行确认，例如：

例 5.
（已知患者为素食主义者，且由于患病，食欲不振。询问其饮食偏好）

医生：问一下他有什么想吃的没，我们这边尽力给他做。
译员：Do you have any diet preferences? Anything you want to eat?
患者：Vege…(buzzing) and glips.
译员：I'm sorry. Do you mean vegetables and grapes?
患者：Yes.
译员：患者说想吃蔬菜和葡萄。

自体免疫力的提升对治愈新冠肺炎有很大帮助，因此在治疗时，医护人员会尽可能照顾到患者的饮食偏好。由于信仰、过敏史甚至个人原因，患者个体的饮食方式各不相同，译员在口译时，应准确表达其饮食喜好。但在诊疗沟通期间，由于防护装备对声音的阻碍、通信软件信号不佳，以及患者在发音上的一些偏差，译员并未听清患者的回答，只模糊听到了"Vege…"类似的音节。为了给医生提供更准确的信息，译员发挥了"责任者"的能动性，通过提问的方式，与患者进一步确认食物种类。

(2) 副语言信息的沟通

在情绪紧张的情况下，发言人可能会不由自主地出现语速加快的情况，同时理解能力也会减弱。译员应有意识地放慢语速，放缓语气，避免刺激患者或家属的情绪。此外，由于小语种译员较为稀缺，而且新冠肺炎的突发性对时间要求十分严苛，往往找到的都是英语译员。沟通语言非母语同样为译员与患者的沟通理解造成了困难。因此，语速和语气的缓和同样能够促进译员与患者的沟通。

例 6.
医生：目前患者情况恶化，已经转为重症。我们目前的方案是……
译员：We are sorry that the patient's condition is getting worse. Now he has been diagnosed as the severe case. Our current plan is…
家属：What? Severe case? Is he okay?… (crying)…
译员：Please calm down. He is going to be okay. Don't worry. We have the most experienced medical team here. Please trust us, and trust him. Now, can we go on?
家属：I'm so sorry. Please continue.
译员：Our current plan is…

由于语言不通，加上家人在海外患病，家属过于紧张，在沟通过程中，出现了家属情绪激动、无法理解诊疗方案或相关建议的情况，沟通进程中断。对此，作为对话中的"责任者",译员将语速语气进一步放缓,首先轻声安慰家属,平复家属情绪,在确认其情绪稳定的状态下,重复解释刚刚提到的方案或建议。

结语

新冠肺炎诊疗的突发性与复杂性对参与其间的译员也提出了更高的要求,译员常常需要对现场的情况做出迅速判断,主动调整身份角色以适应沟通需求。本研究总结了译员在输入环节作为"指定听者"与在输出环节作为"责任者"的角色功能。一方面,在后疫情时代,尤其是面临新增病例主要以境外输入为主的情况,译员的角色与沟通模式也可能会发生相应的改变。但任何情况下,都需要译员灵活运用口译策略与技巧,积极主动地参与沟通过程。另一方面,翻译教育界应该主动应对这一变化,将新冠肺炎所涉及的相关医学知识纳入医学口译培训课程体系,通过联合培养等模式加强译员以及医学专业学生的诊疗口译业务能力培训,为抗疫贡献专业力量。

[**基金项目**]本论文为以下项目的部分研究成果:陕西省社会科学基金"区域形象建设与外宣翻译效能提升路径研究"(2017K009);陕西省重点研发计划一般项目"MUC1-C在非小细胞肺癌第三代EGFR-TKI耐药作用中机制研究"(2018SF-071);后疫情时代数字孪生背景下"同声传译"虚拟教研室建设路径研究,陕西省教育科学"十四五"规划课题(SGH21Y0001)。

【参考文献】

[1] Angelelli, C. V. *Revisiting the Interpreter's Role: A study of conference, court, and medical interpreters in Canada, Mexico, and the United States* [J]. Amsterdam/Philadelphia: John Benjamins Publishing Company, 2004.

[2] Braun, S. Keep your distance? Remote interpreting in legal proceedings [J]. *Interpreting*, 2013, 15 (2), pp. 200-228.

[3] Brandl, E. J., Schreiter, S., & Schouler-Ocak, M. Are Trained Medical Interpreters Worth the Cost? A Review of the Current Literature on Cost and Cost-Effectiveness [J]. *Journal of Immigrant and Minority Health*, 2020, 22 (Suppl 2), pp.175-181.

[4] Cox, A. & Li, S. The medical consultation through the lenses of language and social interaction

theory [J]. *Advances in Health Sciences Education: Theory and Practice*, 2020, 25 (5), pp.241-257.

[5] Diamond, L., Jacobs E. & Karliner L. Providing equitable care to patients with limited dominant language proficiency amid the COVID-19 pandemic [J]. *Patient Education and Counseling*, 2020, 103 (8), pp. 1451-1452.

[6] Finset, A. Challenges for healthcare communication during the COVID-19 pandemic [J]. *Patient Education and Counseling*, 2021. 104 (2), pp. 215-216.

[7] Gany, F., Javier, G. C., Gaurab, B., et al. Reducing clinical errors in cancer education: interpreter training [J]. *Journal of cancer education: the official journal of the American Association for Cancer Education*, 2010, 25 (4), pp. 560-564.

[8] Goffman, Erving. *Forms of Talk* [M]. Oxford: Basil Blackwell Publisher, 1981.

[9] Huang, C., Wang, Y., Li, X., et al. Clinical features of patients infected with 2019 novel coronavirus in Wuhan, China [J]. *The Lancet*, 2020, 395 (10223), pp. 1-10.

[10] National Council on Interpreting in Health Care. FAQ — Translators and Interpreters [EB/OL]. (2020-11-10) https://www.ncihc.org/faq-for-translators-and-interpreters.

[11] White, K. & Laws, M. B. Role exchange in medical interpretation [J]. *Journal of Immigrant & Minority Health*, 2009, 11 (6), pp. 482-493.

[12] Zhang, J. & Wang F. A Better medical interpreting service: Interpreter's roles and strategies under Goffman's participation framework [J]. *International Journal of Translation Interpretation and Applied Linguistics*, 2021, 3 (1), pp. 1-14.

[13] 刘春伟, 魏立. 欧美远程口译发展对我国口译人才培养模式的启示 [J]. 语言教育, 2017, 5（04）: 15–19.

[14] 饶高琦. 战疫语言服务中的语言技术. 云南师范大学学报（对外汉语教学与研究版）[J]. 2020, 18（04）: 26–32.

[15] 任文. 戈夫曼社会语言学视阈下口译员话语角色的解构与重构 [J]. 中国翻译, 2017, 38（04）: 18–25+128.

[16] 王立非, 任杰, 孙疆卫, 蒙永业. 应急语言服务的概念、研究现状与机制体制建设 [J]. 北京第二外国语学院学报, 2020, 42（01）: 21–30.

A Study on Clinical Interpreting of COVID-19 from the Perspective of Goffman's Framework Theory

Xi'an Jiaotong University   *Wang Fei, Chao Xu'an, Ren Hui, Ren Xiaoxiao*

Abstract: Since the outbreak of COVID-19, China has provided medical services to a large number of foreign nationals in China. Due to the characteristics of high infectivity and long incubation period of COVID-19, most of the interpreters in the diagnosis and treatment process are in a remote interpreting mode, which are different from the conventional medical interpreters. Based on the author's experience in COVID-19 clinical interpreting, this paper analyzes the multiple roles of interpreters with the guidance of Goffman's Participation Framework Theory. As a result, in most cases, interpreters act as the doctor's "addressed recipient" and often influence the communication process as the "principal". This paper proposes a "hospital-patient-family-interpreter" four-factor remote interpretation communication model, and summarizes relevant experience in terms of pre-task preparation, communication skills and coping tactics.

Keywords: COVID-19; Interpreting in Diagnosis and Treatment; Participation Framework; Communication Model

从霍克思《红楼梦》译本
看内译译者的双文化自觉

广东外语外贸大学南国商学院　张习之[①]

【摘　要】本文从费孝通的"文化自觉观"理论视阈出发,研究霍克思《红楼梦》译本,总结出体现霍氏作为内译译者所具有的文化自觉意识的三大方面,即副文本的使用、换译和创译。本研究发现,他的文化自觉并非仅局限在其译入语文化(即母语文化)的单方面文化自觉,而是包含源语与译入语的双文化自觉。本研究指出,霍氏的双文化自觉能在译者的选择和培养方面提供有益的启示,从而更好地促进中国文化对外传扬事业的发展,及提升中国文学译介的总体水平。

【关键词】《红楼梦》;霍克思;双文化自觉;译介

引言

在文化"走出去"的今天,大量的中华文学名著正在或有待被译介到国外,与此有关的中华文学译介研究愈加受到重视。英国学者大卫·霍克思(David Hawkes)及其《红楼梦》英译本(*The Story of the Stone*),一直为翻译研究领域所关注,相关成果颇为丰硕。据中国知网期刊全文数据库(截至2021年6月),篇名中包含"霍克思"或"霍克斯"且含"红楼梦"的论文达246篇。但以霍克思为研究主题的译者研究并不多。这些译者研究成果主要分为两类:一类是从霍克思的译著中归纳总结出其整体翻译思想(党争胜,2013;张婷,2017);另一类是从具体译例出

[①] 张习之(1985—　),副教授,研究方向为翻译与文化、翻译史、翻译理论与实践。邮箱:213035@gwng.edu.cn

发，分析霍克思作为内译译者所采用的翻译策略（刘爱军、冯庆华，2020；于金红，2018）。值得注意的是，新近刊登的论文中出现了从文化自觉视角对霍克思的译者研究。如以《葬花吟》翻译的研究为例，有研究者从文化自觉视角研究了霍氏的译入语文化自觉和杨氏的源语文化自觉（熊俊，2020）。此类研究颇有启迪意义，但笔者认为霍克思的文化自觉并非仅局限在其译入语文化的单方面文化自觉，而是包含源语与译入语的双文化自觉。故此，本文以前期成果为参照，研究了霍克思译介《红楼梦》的行为，总结出体现译者双文化自觉性的三大方面，即副文本的使用、换译和创译，以期为中华文化对外传播事业的发展、提升中国文学译介的总体水平，尤其是在译者的选择和培养方面提供有益的启示。

一、文化自觉性

何为文化自觉性？这一概念是费孝通先生于第二次社会学人类学高级研讨班上正式提出的，意思是："生活在一定文化中的人对其文化有'自知之明'"，即为所谓"文化自觉性"。费先生对"文化自觉性"还具体阐述道：对于自己所处的文化，"要明白它的来历、形成过程、所具有的特色及其发展趋向。"（费孝通，2016：195）费先生于1997年提出这一概念是在中国自觉步入全球化的早期。当时中国开始面临纷繁的外来文化影响，如何在吸收外来文化的优良成分的同时守住自己的民族魂，便成为费先生所关心的议题。因此，费先生的文化自觉的初始概念只是对于中国人而言，尤其是对于中国文化工作者而言。费先生提出这一概念时，并未具体涉及翻译事业。但如今，随着改革开放的进一步扩大与深入，随着学界对翻译现象的广泛深入研究，人们发现文化自觉观有着跨国界、跨民族的普遍意义，尤其对于翻译研究有着启示意义，对翻译事业的指导作用也愈发明显，这些认识乃是费先生文化自觉观的合乎逻辑的发展。

对于中国翻译工作者而言，就是在中译外中，首先译者需要尽可能透彻理解、解读和阐释中华文化。如费先生所言，我们应当"在和西方世界保持接触，进行交流的过程中，把我们文化中好的东西讲清楚使其变成世界性的东西"（费孝通，2016：406）。然而，由于翻译的跨文化特殊性，译者的文化自觉性不可仅仅限于对源语文化的单边文化自觉性。因为译作既需要恰如其分地表达好原作的文化，又要有的放矢地适应目的语读者的阅读期待和文化心理，以收获最佳的跨文化传播效果，因而译者必须具备对于源语文化和目的语文化的双文化自觉性，才能在翻译中充分考虑到双文化的差异，根据社会文化语境、目标语读者需求来调整译文。

二、霍译《红楼梦》所体现的双文化自觉性解析

一个表明双文化自觉观的跨国界、跨民族意义的典型事例是霍克思的《红楼梦》翻译。

谈到霍译《红楼梦》的成功时，金隄先生说："它在英语读者眼里是一件完整的艺术品，值得欣赏，值得玩味，令人读了还想再读，正如曹雪芹原著在中国读者眼里一样。"（金隄，1989：67）而之所以他的翻译能获得如此高的评价，很大程度上是因为其双文化自觉意识在翻译过程中发挥了积极的作用，正如金先生所言"关键就在于他和英语读者心灵相通，处处能以英语艺术家的手法传达曹雪芹的艺术"（金隄，1989：67）。

此外霍克思精通中文，长期饱受中华文化的熏陶，中华文化元素已成为他精神的有机成分；他稔熟中英文化的差异，在对《红楼梦》书名的翻译和小说第五回曲名翻译中做了细致考量。"红楼"一词字面意义是有红色外墙的建筑，为当时达官贵人的住所，因而具有繁荣富贵之意。它的另一层含义是富家小姐的住所或富家小姐本身。这些含义都是霍氏从小说基本内容出发，综合不同底本得出的结论[Hawkes in Cao, (Vol.1) 2012: 20-21]。之所以他没有选取《红楼梦》这一通行书名来直译成英译本书名，原因在于"红"的象征含义在中英文化中截然不同。在汉语中表达青春、繁荣、美好的"红"，在英文中对应的却是绿色或金色[Hawkes in Cao, (Vol.1) 2012: 38]。因而在书名翻译中，他选取了《红楼梦》的另一并不通行的名字《石头记》译为 *The Story of the Stone*，同时将书中"红楼梦曲"译为"A Dream of Golden Days"（金色岁月之梦）。

本节总结出有三大方面体现霍氏作为内译译者所具有的双文化自觉意识，这三大方面是：副文本的使用、换译、创译。

（一）副文本的使用

本文提到的副文本指的是译本中除了正文翻译之外，译者提供的能辅助目标语读者理解源文信息的文本形式，包括译者序、注释、附录等。"...paratexts can offer valuable insight into the production and reception of translated texts"（Gürçağlar，2007：44）（副文本能针对译文的产生提供宝贵的启示，并能提升译文的可接受程度）。霍译英文版《红楼梦》中的副文本是译者为使译文读者充分理解小说内容而必须添加

的材料，其作用在于显化文本后面隐藏的背景信息，使原作中一些晦涩的蕴意变得明白，从而让一般不熟悉汉文化的目标读者能更好理解源文本以及相关内容，进而对中国文化产生兴趣。

(1) 正文前后的译介

从传统上说，对翻译过程的研究多倾向于通过对正文译文的分析来推测译者的翻译策略和心理活动。这种单从文本出发推测译者意识的方法，容易掺杂研究者本人的主观判断，难以真实展现译者的心理状况和翻译过程中大脑的思考过程。而译者所著的序言、内容介绍等辅文包含着译者本人对其翻译过程的审视和回顾，对其进行研究能够直接而确切地展现译者意识和其翻译决策背后的动机，因而可以较为理想地解释译文中的部分翻译现象。在霍译《红楼梦》的译者序和附录中可以找寻到关于霍克思的文化意识的确切证据。

因书中的专有名词按拼音来译，为方便读者读出译名，霍克思在第一卷书前加了说明，列出与之发音相似的英语字母或字母组合，以方便读者理解汉语拼音发音规律。在书后附录"金陵十二钗""红楼梦曲"第一卷人物表和曹雪芹家谱，在封底附上了内容简介；在第二卷书后附录了中国律诗、牌九、灯谜等习俗性词语注释（王琳，2018:56）。在第二卷书的译者序中，他举例介绍了自己在翻译中对原文纰误所做的研究和改动。这些努力的确收获了读者的认可。在一项对25位英国阿斯顿大学英籍学生进行的访谈中，19人认可霍译本前言所作的介绍，"他们认为这能充分帮助他们了解这部作品和背景信息，出于对前言的认同，他们继而对译者充分介绍文化背景的努力也做出了肯定"（蒋亦文、张政，2020:29）。

(2) 正文中的注释

在第二卷的序言中，译者提到小说译文里的注太多，读起来就像"戴着镣铐打网球"（...reading a heavily annotated novel would seem to me rather like trying to play tennis in chains）[Hawkes in Cao,（Vol. 2）2012:5]。尽管他不希望打扰目的语读者阅读正文的兴致，但并不忽略必不可少的注解，因而采用了言简意赅的脚注。

例如第一章贾雨村吟的联诗："玉在椟中求善价，钗于奁内待时飞"，译文作："The jewel in the casket bides till one shall come to buy. The jade pin in the drawer hides, waiting its time to fly" [Cao, (Vol. 1) 2012: 18-19]。此诗句在底本中并无注释，译者增添脚注："Yu-cun is thinking of the jade hairpin given by a visiting fairy to an early Chinese emperor which later turned into a white swallow and flew away into the sky. Metaphors of flying and 'climbing the sky' were frequently used for success in the Civil Service examinations" [Cao,（Vol.1）2012: 19]（雨村想到的是一个仙女到访送

给中国一位早期皇帝的玉发夹的典故。那发夹后来变成了一只白燕子，飞上了天。飞行和"飞上天际"的比喻经常被用于指科举考试的成功）。脚注点明了此时贾雨村的心理活动。这句诗中的意象来源于一个关于玉钗的典故，解释了"飞"在中国科举考试中成功这一比喻。此处的解释是很有必要的，因为西方读者不知道这个典故，如果不加脚注解释，那么必然很难自动联想到飞黄腾达的引申义。脚注解释不仅帮助了读者理解这联诗，还为读者理解后文中贾雨村为图自己高升，不念旧情、见风使舵，埋下了伏笔。

（二）创译

创译是指需要发挥译者创造力的较为自由的翻译。有些源文词语涉及独特的源文化背景特征，目的语中无对应表达，若取直译加解释之法，释文之冗长在所难免，因而打破读者阅读及思维的连贯性。译者便采取舍弃原文形式，创造性地使用自创的目的语表达来传达原文的含义和精神，此即所谓创译法。在以下例子中，霍克思根据需要大胆用目的语语言元素创造出新词。

"明日乃是腊八，世上人都熬腊八粥。"

霍译："Tomorrow is Nibbansday," he said, "and everywhere in the world of men they will be cooking frumenty" [Cao, (Vol.2) 2012: 464-465].

此句中霍克思将"腊八节"译为"Nibbansday"。此词所包含的词素"Nibbans"来自巴利文单词"Nibbāna"，该词出自佛祖涅槃这个典故。而腊八，指的是腊八节，俗称"腊八"，即农历腊月（十二月）初八这一天。相传这一天是佛教创始人释迦牟尼在菩提树下成佛的日子。"腊八节"这个词在英语中本来没有对应词。霍克思探究了"腊八节"的意义，利用英文构词法，将英文中已有的外来词"Nibbāna"（涅槃）和"day"两个名词合为一体，造出名词性复合词"Nibbansday"。

霍克思的这一翻译举措不仅忠实于原文的信息传递，也填补了译入语文化中的表达空缺。从源语文化来看，此创译没有脱离源语文化根源，反而激活了其蕴含的佛教故事，凸显了宗教色彩。从目的语及其文化角度来看，一方面，采用名词复合词，符合英语的构词手段。英文中一周表达星期几的词来源于古希腊罗马、盎格鲁萨克逊诸神的名字后加"day"，译文"Nibbāna"加"day"的构词方式继承了英语的这一构词传统，让人拍案叫绝。另一方面，在霍克思的时代，佛教已为英语民族所了解，这一新造的名词能轻易被接受是可想而知的。

（三）换译

由于英汉两种语言的差异和不同民族文化背景，当遇到目的语读者可能感觉陌生的情状时，有时可以转换为目的语读者所熟悉的表达形式来翻译。此即所谓"换译法"，也称"套译法"。对于原著当中对于虽具有独特中国文化特色，而无涉关键信息，且与主要情节关联较弱的表述，霍克思采用偏向英语文化的"归化"翻译策略，大胆换译，用英语读者习惯的方式来传递原文信息，从而避免了过多的异域元素造成的理解障碍。如第五十三回中"方近一千三百里地"的表述，被翻译为"For fifty miles around,..."[Cao, (Vol. 2) 2012: 712-713]。

"里"是中国传统长度单位，在古时一里是一个以步计算的不精确长度单位。霍克思将其换译为英式单位 mile（英里）。虽然译文牺牲了中国特有的长度单位，但也是霍克思出于对译出语和译入语的双文化自觉作出的更改。《红楼梦》中充满了众多中华文化元素，会对外国读者产生强大的文化生疏感。要想全部保留，并对目标语读者事无巨细地一一解释，只会不断打断读者的阅读兴致，破坏读者对全书内容的整体把握。正如冯庆华所说，"……文化障碍较多，读者必然或是囫囵吞枣，不知其味，或是望而生畏，放弃整个阅读计划"（冯庆华，2008：126）。在不需要精确对应的情况下，选取英文中的对应词，将概数进行大致换算，既扫除了阅读障碍，又忠实地传达了面积大这一基本信息，体现了译者本着对作者、对读者双向忠实的态度所做出的努力，同时也反映出他的双文化自觉性。

另外，除了替换源语的表达形式，霍克思将换译的使用延伸到了对于外来语的借用。在对人名的翻译中，这样的例子比比皆是，大致可分为两种情况：

其一，对于涉及宗教或带有神秘色彩的人物，采用拉丁文，如空空道人译为"Vanitas"（拉丁文：虚荣），妙玉译为"Adamantina"（拉丁文：金刚）。霍氏采用此译法沿袭了拉丁文在西方宗教、社会中所扮演的角色。"拉丁文是文化人的语言，是大学、教会这些显赫的文化机构里流通的语言，所以自然与各国的俗语拉开距离。"（高峰枫，2017：82）借用拉丁语译此类人名，能让目的语读者感觉到这类人物超凡脱俗的气质。而在宗教改革以前的欧洲，《圣经》不被允许译成各民族语言，只有教会出版的《通俗拉丁语译本》获准发行；不懂拉丁文的人也只能通过懂拉丁文的神职人员解释，才能明白教义。由于西方传统中的拉丁语在宗教中的至高地位，用拉丁语翻译出的人名，在西方读者眼中自然带着宗教色彩，这也就呼应了原文中这类人名中的神性意味。

其二，在翻译小说中戏子的名字时，霍克思采用了法语在目的语中扮演了辅语的角色。蒋玉菡，艺名琪官，"琪"有美玉之意，被译为"Bijou"（法语：珠宝饰品）。而那些在大观园唱戏的女孩则以法语中的形容词性的阴性词译出，如芳官译为"Parfumée"（芳香的）、文官"Élégante"（优雅的）。霍氏译法的由来与法语和英语的交流史密切相关。在现代英语时代，大量有关艺术的法语词不断进入英语，如"Ballet"（芭蕾）、"Renaissance"（文艺复兴）、"burlesque"（滑稽的表演）等。利用法语词汇翻译戏子名字，能营造出一种艺术氛围，自然地让英语读者将此类人物与艺术联系起来。另外，历史上英国与法国交流甚密，法语在英国人当中的普及率较高。普通英国读者在阅读此类法语词时不仅不会遇到任何困难，而且能感受到特别的艺术风采。

从以上例子可以看出，作为以目的语为母语的译者，霍克思熟知其母语中包含大量外来语这一特色，并深知外来语在英语语言文化中所扮演的角色，这正是译者对母语文化自觉性的体现。

三、研究霍氏《红》译蕴含的双文化自觉的意义

霍克思版《红楼梦》的成功令举世瞩目。"… many critics consider his version of *The Stone* as one of the first truly successful English rendering of traditional Chinese fiction, scholarly and readable, while retaining the poetic and artistic aspects of the original text."（Research Center for Translation, 2021）（很多批评家认为他的《红楼梦》版本是首批成功的中国古典小说英译本之一，它兼顾了学术性和可读性，同时保留了原著中的诗意和艺术性）。它的成功折射出的是译者强烈的双文化自觉意识。根据霍译《红楼梦》的成功经验，可以总结出以下一些思考与建议，这对提高中华文学外译质量、增强其传播效果有重要意义。

（一）文学外译的译者选择：双文化自觉的重要性

知之者不如好之者，好之者不如乐之者。霍克思对于中华文化的热爱及对英语世界读者的文化关怀，促使他全身心地投入到《红楼梦》的翻译工作中。如同哲学家安乐哲谈到自己的中国哲学典籍英译时说："我不是为翻译而翻译，翻译的最终目的仍是传递我思索日渐成熟的哲学思想。"（郭薇、辛红娟，2020：140）霍克思的《红楼梦》的翻译也不是为翻译而翻译，他翻译的目的乃是把自己挚爱的中华文学介绍给本族人民。他希望自己不谙汉语的讲英语的同胞也能品读到此书。用他自己的话说就是："… if I can convey to the reader even a fraction of the pleasure this Chinese novel has given me, I shall not have lived in vain" [Hawkes in Cao, (Vol. 2) 2012: 38]（如果能让读者体验到哪怕只是我读这本中国小说所获乐趣的一小部分，我也就不虚此生了）[范圣宇 (Trans.) in Cao, (Vol. 2) 2012: 56]。这一思想指导着他的翻译，最终其译本在英语读者中如愿以偿地获得了成功。

以霍氏《红楼梦》翻译的成功可总结出如下两方面的认识。一方面，要传达中国文学中的文化情感因素，非热爱中华文化之译者莫属。中国译者有中文母语文化的优势，翻译《红楼梦》这样文化意义丰富且有一定时代距离的作品，译者还需具有相关文史的学术积累，才能对原文的意义理解透彻。霍克思虽然没有以汉语为母语的初始优势，但通过长期的学习与研究，中文语言文化功底已十分深厚。他曾在牛津大学研读中文，来华就读于北京大学中文系，在牛津大学担任中文教授。对于中华文化他做过大量的研究，有着理性思考，来华留学又让他有了身临其境的文化体验，从而自然而然地发育出他对于中国文化的自觉性。另一方面，在目的语英语语感方面，特别是对英语读者精神层面的了解，霍克思作为英国人有着不言而喻的明显优势。霍译《红楼梦》在英语世界的成功，说明以目标读者为取向，以热爱且乐于传播中华文化的汉学家为译者，是中国文学走向世界的一个成功范例，也显示出可行的"内译"特殊模式。

（二）对作者和读者的态度：双忠实态度不可或缺

霍克思的翻译过程实为一场与原作者和目标读者不断的对话过程。作为译者，他的双文化自觉意识在对话过程中发挥了关键作用。译者在英汉两种文化中进行着不断思考及对比研究。

在双文化自觉形成的过程中，首先是"要认识自己的文化"（费孝通，1997: 22）。霍克思身为英国人，自幼生长在英国，对自己本民族文化有着深刻理解。英语是其母语，将外国名著译入自己母语，给本民族读者阅读，较之英语是外语的译者，他占有得天独厚的母语和母语文化优势。阅读《红楼梦》，西方读者面临的最大问题无疑是文化的障碍。对于这一点，霍克思了然于心："...to the Western reader, lacking the literary background that Cao Xueqin was able to take for granted in his Chinese contemporaries, might often seem puzzling or incomprehensible. I make no apology for having occasionally amplified the text a little in order to make such passages intelligible"[Hawkes in Cao,（Vol. 2) 2012: 4-5]。[（文中涉及的大量书籍、戏剧和诗词）对于西方读者，因与此文化背景无缘，读之往往感到困惑不解。遇上此情形，我会时而稍加增添，使这些文段清晰易懂——这样做我认为并无不当]。黄忠廉教授说："……译作成功与否，读者满意与否，关键在于译者变译策略（翻译策略）的选择，策略又取决于取向：译给谁用，怎样用，想收到什么效果，为什么他们乐于接受。"（黄忠廉，2002:206）霍克思版《红楼梦》的成功正是因着译者高度的双文化自觉性，及其衍生出的明确的读者目标意识，加上在此基础上采取了适合读者思维习惯的翻译策略。

正是因着他明确的读者目标意识与应对目标文化与原著文化差异的积极态度，他在其翻译活动中成功地搭建起了沟通两种文化的桥梁。对于双语文化之间的差异，霍克思可谓是知己知彼。他在翻译中，凭借娴熟的双语能力和精深的双文化理解，充分而巧妙地使用副文本、创译、换译等多种手段，最大限度地弥合了中西文化的鸿沟，满足了译语读者的兴趣与需求。

费孝通（2016:406）说："在和西方世界保持接触，进行交流的过程中，把我们（指中国）文化中好的东西讲清楚使其变成世界性的东西"。这原本是针对中国人对外传播中国文化说的，但对于研究霍克思这样的汉学家"对内"向自己同胞译介《红楼梦》的行为，文化自觉观也同样适用。在译介过程中，霍克思基于自己的英、中双边文化自觉意识，把《红楼梦》中蕴含的丰富中华文化宝藏充分展示在英语读者面前。为了理解清楚原作者的意思，他表现出严谨认真的学术态度。他向中国"红学"专家吴世昌求教，两人经常探讨切磋（卢晓敏等，2016:86）。他为翻译"山羊血黎洞丸"这一药名，专门查阅了《中国医学大辞典》等资料，并记录下配方，这些细节都记录在《〈红楼梦〉英译笔记》中（鲍德旺、梁佳薇，2019:128）。霍克思理解西方读者很难记住小说中几百个中文名字，他说："... the Western reader, who is surely sufficiently burdened already with the task of trying to remember the novel's hundreds of impossible sounding names,..." [Hawkes in Cao,（Vol. 2）2012: 6]（单是要记住这几百个发音极其困难的人物名字，对他们来说就已经负担很重了）[范圣宇（Trans.）in Cao,（Vol. 2）2012: 10]，便在正文前附上了中文专有名词的拼写说明（Note on Spelling），帮助读者理解记忆中文姓名发音。

结语

翻译是一种跨文化活动。双文化自觉意识对于从事跨文化活动的译者有着至关重要的影响。在文化自觉观理论的指导下，本研究提炼总结出霍克思英译《红楼梦》的主要译介手法：正文前后和文中的副文本使用、创译和换译的灵活运用。这不仅揭示出霍克思在英译《红楼梦》中展现出的双文化自觉意识，更为中国文化"走出去"贡献出有益的启示：一方面，应尽量培养或主动聘请以译入语为母语的译者，特别是汉语水平较高的来华留学生，让他们以内译的模式向自己的同胞介绍中国文化；另一方面，大力提升本土翻译人员的双文化自觉素养，课内加强中外文化理论学习，课外参加文化浸泡训练，让他们在实践中身临其境地体验中外文化。总之译者只有在谙熟双文化内涵，深谙两者差异并抱有高度的跨文化交际使命感的条件下，才能在原作和目标语读者之间做好调和工作。

[**基金项目**] 本文得到广东省高等教育教学改革项目"文化自觉观视阈下提升翻译专业学生中华传统文化素养的研究"、广东省哲学社会科学"十三五"规划 2020 年度项目外语学科专项"英汉语言的形合／意合与翻译研究"（项目编号：GD20WZX02-09）、广东省普通高校青年创新人才类项目"海丝之路"语境下广东红色旅游文化传播与译介（项目编号：2019WQNCX163）、广东外语外贸大学南国商学院线上线下混合一体式一流课程《汉英笔译》（项目编号：2020YLKC12）和汉英笔译课程教研室（项目编号：2022JYS02）的资助。

【参考文献】

[1] Cao, Xueqin. *The Story of the Stone. Vol 1-2* [M]. David Hawkes (Trans.). Shanghai: Shanghai Foreign Language Education Press, 2012.

[2] Gürçağlar, Sehnaz Tahi. What texts don't tell: The uses of paratexts in translation research [A]. In Theo Hermans (ed.). *Crosscultural Transgressions: Research Models in Translation Studies* [C]. Beijing: Foreign Language Teaching and Research Press, 2007, pp. 44-60.

[3] Research Center for Translation. [2021-07-06]. David Hawkes Archive [EB/OL]. http://www.cuhk.edu.hk/rct/DavidHawkes.html.

[4] 鲍德旺，梁佳薇. 霍克思《〈红楼梦〉英译笔记》研究 [J]. 国际汉学，2019（1）：125–133+205.

[5] 党争胜. 霍克思与杨宪益的翻译思想刍议 [J]. 外语教学，2013（6）：99–103.

[6] 费孝通. 反思·对话·文化自觉 [J]. 北京大学学报（哲学社会科学版），1997（3）：15–22+158.

[7] 费孝通. 文化与文化自觉 [M]. 北京：群言出版社，2016.

[8] 冯庆华. 母语文化下的译者风格 [M]. 上海：上海外语教育出版社，2008.

[9] 高峰枫. 拉丁文的社会 [J]. 读书，2017（6）：77–85.

[10] 郭薇，辛红娟. 哲人译哲：中国哲学典籍英译路径探析——安乐哲教授访谈录 [J]. 外语与外语教学，2020（5）：139–147+151.

[11] 黄忠廉. 变译理论 [M]. 北京：中国对外翻译出版公司，2002.

[12] 蒋亦文，张政．英译《红楼梦》副文本推介模式与接受度研究——基于英语世界的读者访谈[J]．中国翻译，2020（2）：25–31．

[13] 金隄．等效翻译探索[M]．北京：中国对外翻译出版公司，1989．

[14] 刘爱军，冯庆华．《红楼梦》英译本中母语译者与非母语译者 it 使用情况对比分析[J]．西安外国语大学学报，2020（2）：81–86．

[15] 卢晓敏，常青，郭陶，李晓燕．霍克思《红楼梦》误译原因剖析[J]．语文学刊，2016（9）：86–87．

[16] 王琳．《红楼梦》在英国的译介阐释与翻译策略[J]．安徽文学，2018（10）：56–57．

[17] 熊俊．翻译文化自觉论视角下《葬花吟》英译诠释[J]．外国语文研究，2020（6）：67–77．

[18] 于金红．《红楼梦》英译的文化认知研究[J]．安徽文学，2018（10）：60–63．

[19] 张婷．霍克思翻译思想的"名"与"实"[J]．湖北民族学院学报（哲学社会科学版），2017（6）：169–173．

On Bilateral Cultural Awareness of David Hawks as An Internal-Oriented Translator: A Case Study of His Version *The Story of the Stone*

South China Business College, Guangdong University of Foreign Studies   Zhang Xizhi

Abstract: Based on Fei Xiaotong's Cultural Self-Awareness concept, by studying *The Story of the Stone* translated by David Hawkes, the paper concludes three translation aspects to demonstrate the cultural awareness of Hawkes as a translator of internal-oriented translation, that is, the use of paratexts, transcreation and substitution in this translation version. This study finds out that his cultural awareness is not limited to the target culture, but is bilateral cultural self-awareness belonging to both the source and the target cultures. This finding is helpful in selecting and training translators so as to better spread Chinese culture and enhance Chinese literature translation.

Key words: *The Story of the Stone*; Hawkes; Bilateral Cultural Awareness; Translation

翻译技术与本地化

学生译者译后编辑能力培养研究
——以经济类文本为例

北京语言大学　于　泷[①]　杨　宸[②]　许　明[③]

【摘　要】 随着机器翻译水平的不断提高，学生译者如何有效运用机器翻译、如何提升自身的译后编辑能力是翻译教育所必须面对的两个关键问题。本文以经济类文本机器翻译译后编辑为切入点，发掘学生在译前准备、机翻审校、人工互审三个阶段遇到的关键问题，探究学生译后编辑能力的培养方式。

【关键词】 机器翻译；译后编辑；学生译者；能力培养；经济文本

引言

随着神经网络机器翻译的快速发展，机器翻译译文质量有了显著的提升。为适应机器翻译技术的新发展、培养应用型翻译人才，国内多所院校在MTI的课程设置上加入了包括机器翻译、计算机辅助翻译和本地化等在内的技术类课程。在学界，诸多学者开始关注机器翻译与译后编辑等领域的研究，提出相关的原则和标准，分析译后编辑能力的构成，但关于学生译后编辑能力培养方面的研究相对较少。本研究将以法汉经济类文本机器翻译的译后编辑为例，探究学生译者译后编辑能力的培养。

[①] 于泷（1998— ），北京语言大学翻译学研究生，研究方向为翻译过程研究。邮箱：1973806652@qq.com
[②] 杨宸（1996— ），北京语言大学翻译学研究生，研究方向为翻译过程研究。邮箱：yangchen9609@163.com
[③] 许明（1979— ），教授、博导、博士后合作导师，研究方向为翻译学。邮箱：22415591@qq.com

一、国内外研究现状

"译后编辑"这一术语最初用于自然语言处理的多个子领域,现在主要与机器翻译相关(Allen, 2003: 297)。根据"翻译自动化用户协会"(TAUS)的定义,译后编辑"是复杂的语言过程,需要对机器翻译系统自动生成的原始文本进行编辑,通常以尽量少的人力实现比人工翻译更高的效率"(转引自 Screen, 2019)。魏长宏、张春柏(2007: 2)将译后编辑定义为"对机器翻译系统从源语到目的语处理后生成的译文进行的编辑操作",基本与 TAUS 的定义相同。崔启亮(2014)认为,"译后编辑"有"广义"和"狭义"之分,上述定义为"狭义的译后编辑"或机器翻译的译后编辑,"广义的译后编辑"是指"在集成翻译环境中,为了保持译文质量和翻译效率,由专业编辑人员根据特定的质量目标,对输出的初始译文进行人工评审或部分自动化修订的过程"。两者的主要区别在于初始译文的来源,若初始译文直接来源于机器翻译,则称之为"狭义的译后编辑";如果初始译文的来源不仅限于机器翻译,则为"广义的译后编辑"。

国内外现已有学者提出译后编辑相关原则与标准,主要分为宏观原则和具体操作原则。如崔启亮(2014)对译后编辑的发展动力、译后编辑的应用领域、译后编辑的实践准则进行了分析,其中的实践准则即为宏观原则。再如 TAUS 原则即为具体操作原则的代表。此外,国家标准 GB/T 40036-2021《翻译服务机器翻译结果的译后编辑要求》于 2021 年 4 月 30 日由国家标准化管理委员会正式批准发布,已于 2021 年 11 月 1 日实施。该标准的出台标志着我国翻译领域有了首个机器翻译译后编辑国家标准,为规范和引领该行业的健康发展提供基础。

如今,随着市场需求的增加与机器翻译技术的日臻完善,译者的身份和工作内容也随之发生了变化,同时,译后编辑能力与译后编辑者研究也成为重要研究课题。译后编辑能力研究一般是为培养译后编辑者(译后编辑教学)服务的,国内外针对性的研究相对罕见,大多是附带的论述(冯全功、崔启亮,2016)。大部分研究只是泛泛提及,少数学者初步探寻了译者译后编辑能力的培养模式,比如冯全功、张慧玉(2015)从多个方面探讨了译后编辑者的培养途径,并呼吁在高校单独开设译后编辑课程,但是现在国内专门开设译后编辑课程的学校数量甚少。仲文明、舒超(2020)则基于国内外译后编辑课程的前沿分析,总结了面向教学的译后编辑处理能力的构成。此外,Sharon O'Brien(2002),Celia Rico & Enrique Torrejón(2012: 169-170)等对于译后编辑能力构成也有相关系统论述。但是,这些论述只是点出了能力培养的大方向，或者是仅从译后编辑操作原则的层面讨论，并没有表明学生需要具备哪些具体的能力和素质才能胜任译后编辑，教师又该如何帮助学生译者培养这些能力，比如，学生译者发现问题并解决问题的能力、术语识别能力、面对具体语言对处理的策略能力等，这些都是值得进一步探讨的问题。由此不难看出，译后编辑能力与教学方面的研究依然有待细化，有待深入。

二、研究方法

本研究旨在从应用型翻译人才的培养出发，以法汉经济类文本译后编辑实践为基础，探究新技术背景下学生译者译后编辑能力的构成和培养方法。

此次汉法机器翻译实践包括以下五个过程：译前准备、机器翻译、译后编辑、交互审校、课堂讨论。在实践过程中，第二、第三个环节均涉及了机器翻译的使用，而第一、第四、第五个环节虽未涉及机器翻译，但也是保证译文质量的关键一环。因此，我们讨论的译后编辑能力不仅局限在第二、第三环节，即狭义的机器翻译译后编辑过程中译者所需的能力，而是涵盖了包括译前准备、机器翻译、译后编辑、交互审校和课堂讨论五个环节在内的学生译者的译后编辑能力。

此次翻译实践选择的是一篇连贯的经济类文本，内容为法国房地产泡沫，要求学生自主选择翻译引擎，可选择一个或多个，在此基础之上完成译后编辑，之后项目组成员完成交互审校。翻译文本被平均分为15部分，每位学生译者均负责翻译其中一部分。在译前准备环节，学生需要辨别、提炼文档中的术语，建立房地产泡沫术语表，同时搜集、阅读平行文本。在该环节中，学生译者遇到的问题大致可以分为两方面：一是理解问题（术语识别和背景知识缺乏），二是资料查找问题。在机器翻译与译后编辑阶段，学生须结合已经确立的术语表和译前准备，自行翻译并对译文进行译后编辑。译后编辑阶段主要遇到的问题有术语问题、格式与语言表达规范、语级及文体风格、逻辑问题。交互审校阶段做出的修改可以视作译后编辑阶段尚未达成修改效果的内容，从小组审校阶段审视译后编辑阶段忽略的地方，也可以反思译后编辑阶段出现的问题。通过统计修改内容发现，小组审校的内容与机器翻译译后编辑的内容大致相同，该阶段多为中文表达上的修改，而少有内容勘误方面的修改，包括明晰内容、删减冗余、主被动转换以及动宾、偏正结构等。最后，每个项目组成员须汇总自己翻译过程中遇到的困难及解决方案，在课堂上与小组成员和教师汇报、讨论，确定最佳译法。

三、译后编辑过程中遇到的问题与解决办法

此次基于法汉经济类文本的机器翻译译后编辑实践,发现的问题主要涉及背景知识、术语、格式和语言表达规范、语级及文体风格、逻辑五大类。

(一) 背景知识与资料查找

首先,缺乏统计模型、房地产等专业背景知识带来的理解原文上的困难。问题主要体现在原文看似通顺,但学生译者不知所云,读不懂原文自然无法胜任译后编辑工作。例如,有同学反映房地产领域的专业术语多,每一段落的句意翻译出来很抽象,在缺乏专业知识的情况下,不确定自己翻译的内容是否正确。对此,具有类似问题的同学提出了应对方法:多查阅相关背景资料和平行文本,了解当时房地产的发展背景,增加自身对于房地产价格影响变量以及住房存量等知识的扩充;弄清句子的具体意思,化抽象为具体。

其次,资料查找与信息筛选问题。为找到所需信息,使用最多的方式就是通过搜索引擎搜索,例如谷歌、百度。若不能找到相关内容,则在专业网站搜索,例如知网、百度百科、维基百科。更有甚者只能通过外文定义搜索相关表达。这类问题主要消耗学生译者的经济成本和时间成本,十分考验学生译者的搜商。

以上两个问题都需要通过大量的信息查找来解决,译前准备的过程中也遇到了一些非知识性难题,最主要的就是有时信息获取难度较大,包括知识付费和搜索失败两种情况。

(二) 术语问题

第一,术语识别问题。此次翻译实践的待译文本主题为房地产泡沫,由于学生译者对于房地产领域相关知识的匮乏,加之机器翻译本身具有术语识别上的优势,识别文中术语主要依靠机器翻译。但在法语语境中,很多词带有一词多义的特点,一个日常生活中常见的词汇在房地产领域可能就会有特殊的含义。例如:

原文:fondamentaux
常见意义:用作基础的;主要的,基本的,根本的
房地产领域含义:基本面

该词在原文第二部分频繁出现,有碍理解。该同学采取的办法是搜索相关资料,了解背景知识。二十世纪八十年代抵押贷款市场情况、欧洲货币一体化进程、土地使用条例等。经过查证,"fondamentaux"指的是"基本面",是一个经济学的概念,指对宏观经济、行业和公司基本情况的分析。类似的情况在译前准备的环节出现了不止一次,这样一词多义的情况是很隐蔽的,若不能及时察觉,将导致语义翻译错误这样的原则性错误。

第二,术语翻译问题。法国的经济领域,尤其是房地产领域是有本国特色的内容的,其中就包括相关政策的命名、房地产组织名、相关机构名、人名、公式等特殊情况,例如:

原文:FNAIM

该词为法国某一房地产组织机构的缩写,但由于中文互联网上尚未出现关于该机构的介绍,所以并没有官方标准译法。"FNAIM"为"Fédération nationale de l'immobilier",虽然找不到中文表达,但找到了世界房地产联盟,即Fédération internationale de l'immobilier,可以加以借鉴。这种法语特有的表达并非特例,面对这种情况的时候,多数同学选择使用直译的策略,也有同学根据其具体意思意译。此外,也可以使用语言检索工具,如Linguee等网站,先搜索是否有对应的英文表达,若没有再选择自行翻译。

第三,术语的前后统一性问题。由于每位同学用的机器翻译工具不同,且同一机翻工具也会出现不稳定的情况,所以并不能保证术语前后完全统一。例如:

原文:Encadré 2

机器翻译:框注2

译后编辑:方框2

最终译文:插文2

此处机翻的内容明显不对,当时翻译为方框是因为那段内容是在方框里,所以这样翻译。但不仅第六部分出现了"Encadré",上下文也有,因此应与上下文统一,上文翻译为插文就比方框更适合,因此最终选择译为插文。

第四,术语准确性问题。机器翻译在术语识别上有着简洁快速的优势,但在术语翻译准确性上仍有待提高。例如:

原文:Banque de France

机器翻译:法国银行

译后编辑:法兰西银行

法兰西银行是法国的中央银行,在法国与中国人民银行的地位相似。虽然字对字地翻译确实是法国银行,但在中文语境中法国银行常指法国本土的银行,与其实际意义相去甚远。且法国央行在中文语境中有确定的译法,即法兰西银行,因此此处机器翻译的不准确，需由译后编辑人员改正。

（三）格式与语言表达规范

一是格式问题。机器翻译具有机械性，常常很难顾及格式问题。机器翻译字对字的特点也通常受译出语的语言结构影响，造成中文表达不够规范，常出现成分残缺或冗余的现象。待译文本是一篇关于房地产泡沫的论文，论文有自身的格式规范。如："Gao et al." 的意思是引述内容作者是 Gao 等人，但由于论文对此有规定的书写方式，因此就要以中文论文引用格式来处理此处的翻译。

二是语言表达规范问题，包括选词不当、搭配不当、语态不合理、翻译腔等问题。例如，语态问题：

原文：cette étude met en évidence une surévaluation des prix du logement en France

机器翻译：本研究指出了被高估的法国房价

译后编辑：本研究指出法国房价估值过高

中文在陈述客观事实时通常使用主动句，研究指出的应该是一件事，不仅是指出了"房价"，因此将此句的被动修改为主动。

（四）语级及文体风格

这也是机器翻译较为常见的问题之一。本文本身语言表述较为严谨，语气正式，译文的风格也应该符合待译文本的语言风格。例如：

原文：En France, la déductibilité des paiements d'intérêts fut suspendue le 01/01/1997 pour des logements neufs et un an plus tard pour des logements anciens, avant d'être partiellement réintroduite en 2007, puis supprimée fin 2010.

机器翻译：在法国，1997 年 1 月 1 日暂停了新房的利息扣除，一年后又暂停了旧房的利息扣除，2007 年又部分恢复，2010 年底又取消了。

译后编辑：法国于 1997 年 1 月 1 日暂停扣除新房的利息，一年后暂停扣除旧房的利息，2007 年又部分恢复，2010 年底再次取消。

此句中，机器翻译使用过多的"又""了"，显得句子不通顺且啰嗦，不符合经济文本的语气。

（五）逻辑问题

逻辑问题是译后编辑过程中最常见的问题。同时，逻辑问题又是最隐蔽的，不只是语言问题，在本项目中也是经济事实的问题。因此在审校过程中需要学生有较好的母语水平以及充足完备的背景知识。语句层面的逻辑问题包括逻辑错误和逻辑表述习惯。句与句之间缺乏逻辑连接，句式语序照搬法文，中文语义上逻辑不通。例如：

原文：Deux approches cherchent à expliquer les évolutions des prix immobiliers. Selon un premier courant de pensée, les évolutions récentes des prix immobiliers ont été entièrement expliquées par leurs fondamentaux. Ainsi, la déréglementation des marchés hypothécaires dans les années 1980 et le processus d'intégration monétaire européenne ont sensiblement assoupli les conditions de crédit. Ces changements ont induit une baisse du coût de crédit qui a augmenté la demande de biens immobiliers, et donc leur prix.

机器翻译：有两种方法来解释房地产价格趋势。按照第一种思路，近期房价的发展完全可以用其基本面来解释。因此，二十世纪八十年代抵押贷款市场的放松管制和欧洲货币一体化进程大大缓解了信贷条件。这些变化导致信贷成本下降，增加了对房地产的需求，从而提高了房地产的价格。

译后编辑：两种思路可以解释房地产价格的变化。根据第一种思路，近期房价的变化完全可以用其基本面来解释，即二十世纪八十年代抵押贷款市场放松管制和欧洲货币一体化进程大大放宽了信贷条件，导致信贷成本下降，房地产需求增加，从而提高了房地产价格。

译后编辑过程中，将"ainsi"修改为"即"是想和上一句承接，机翻结果的"因此"表示的是因果关系，但是这里更倾向于是进一步解释。

四、学生译者译后编辑能力的构成与培养建议

基于机器翻译译后编辑过程中出现的问题以及相对应的解决方案，可以较好地定位学生译者所应具备的译后编辑能力。

（一）译后编辑能力的构成

机器翻译译后编辑人员需要具备突出的双语能力和译入语编辑能力。

首先，是译者本身的双语能力。刘建珠（2020）将双语能力定义为"通过学习获得的、帮助交际者在两门语言之间进行语际转换并在不同社会语境中进行正常交流的双语知识运用能力、双语交际认知能力以及跨语言迁移策略能力"。这是机器翻译译后编辑所需要的基础能力。

在译后编辑任务中，术语识别与翻译能力是学生需要具备的关键能力。根据机器翻译提取出的术语表达未必规范，在译前准备阶段译者只能依靠机器翻译的产出做术语提取工作和主题准备工作，切不可盲目相信机器翻译的术语准确性。

专业背景知识在译后编辑工作中也必不可少，为高效扩充相关背景知识，则需要学生译者具备快速学习能力，最主要的就是提高学生的搜商。搜商的全称是搜索智力，是人类通过某种手段获取新知识的能力。搜商的本质特征是搜索，搜索使得搜商明显地区别于智商和情商，搜商是知识和时间的商数，其更关注于获取有效知识的效率（王华树、张成智，2018）。提高搜商可以大幅提升译后编辑获取有效信息的效率，是译后编辑人员的核心竞争力。

其次，是译入语编辑能力。在机器翻译译后编辑过程中，机器翻译出现的前后统一性、格式与语言表达规范、语级与文体风格以及逻辑等问题均需要通过编辑改正，因此译入语编辑能力也是学生译者胜任译后编辑任务所需的能力之一。学生译者需掌握双语的使用规范，并具备静心、求真、抗压等相关心理素质，才能成为合格的译后编辑者。

但与此同时，所有学生都表示，在机器翻译译后编辑的过程中受到了机翻译文的影响，导致无法察觉译文错误，甚至误解原文。一方面，因为机翻译文对译后编辑人员产生的前摄抑制影响；另一方面，因为译者本身也会产生原文理解不当和语言表达不标准等问题。因此，在享受机器翻译带来的便利时，更要时时提高警惕，切勿以机翻译文为中心，而是以原文为中心，不能只修改不通顺的语言表达，更要校正与原文意思有出入的地方。因此，由小组审校的过程和结果可知，人工审校依旧是不可替代的。

（二）机器翻译译后编辑流程

遵循严格的译后编辑流程是提升译后编辑质量的关键一环。学生译后编辑须遵循严格的操作步骤，以保证译后编辑质量。

第一，在准备阶段：

1. 通读并仔细研读源文本。

2. 建立主题相关术语库或术语表，具备基本领域知识：先机翻，把需要的术语作为关键词，找平行文本，进而进行知识构建和背景知识的学习；对于疑难或者错误不明显的术语，需要使用关键词进行进一步查找，并借助图片等附加信息去确认。

3. 源文本未读懂的地方借助机翻译文辅助理解，相关背景知识尽量在这一环节补充完成，同时确认和查找术语。

4. 通读机翻译文，只保留有价值的部分，去掉明显错误的部分。

5. 读起来不通顺，却又没有明显错误的部分，需要判断是哪一类问题，进一步查证。

第二，在译后编辑阶段：

1. 仔细研读保留的机翻译文并对比原文进行修订。

2. 修订译文搁置半天以上，重读修订译文，此步骤需按照中文习惯再次修订，包括：

（1）标点。

（2）逻辑。

（3）语级。

（4）文体及对应选词。

（5）术语前后统一性。

（6）检查译文是否受到原文影响、表达是否受到禁锢。如果难以跳脱机翻表达，可借助其他翻译平台或求助其他译者。

（7）检查中文是否流畅易懂，注意衔接与连贯。并判断译文是否能准确表达原文意义，是否符合事实，是否需要借助背景知识为读者进一步解释。

第三，在修订结束后，需要通过人工审校对照原文再次检查是否错译、漏译等。

（三）译后编辑能力的培养

学生译者译后编辑能力的培养可以围绕如下四个层面展开：

首先，在培养学生机器翻译译后编辑的能力上，注重机器翻译工具的选择与鉴别能力，目前来看各个机翻工具都有其致力于突破的专属领域，选对机翻工具可以减轻后续工作压力。

其次，注重双语能力培养是机器翻译的重中之重，这不仅是翻译能力的基础要求，也是译后编辑的基础要求。与翻译任务相比，由于工作重心由双语并重向译入语编辑转移。因此，在编辑工作中对译者的译入语能力有着更高的要求，译后编辑任务则更注重学生译者译入语能力培养。

再次，除了双语能力之外，技术层面要求培养学生译者提高搜索信息的能力，提高学生译者的搜商，态度上也要培养学生译者的怀疑精神和求真精神。建议学习者可以通过术语表的整理建立整体领域资源意识，在了解术语的同时补充相关领域知识，建构语境认知能力。由此，译后编辑者自身的术语识别能力也能在一定程度上得到加强。

最后，在编辑能力的培养方面，我们可以借鉴出版社编辑的培养模式，让译后编辑者充分掌握双语各自的语言特征以及标点使用规范等，培养合格的"双语"甚至是"多语"编辑人员。

结语

"人机共存"、共同发展是翻译领域乃至翻译人才培养领域的新思路，具备一定的机器翻译译后编辑能力在新的时代背景下是合格译者的基本素养之一。有效使用机器翻译、提高翻译效率是译后编辑的主要目的。本文从译前准备、机翻审校、人工审校三个过程中遇到的翻译实践问题入手，探究了学生译后编辑能力的构成和培养方式，提出了机器翻译译后编辑所需遵循的基本操作流程。当然，本研究还存在着诸多不足：研究仅局限于经济类文本的机器翻译译后编辑，其他领域的文本未能纳入考虑范畴；在学生译后编辑能力培养方面，仅限于单次翻译实践经验的总结，尚缺乏系统性研究；学生的能力培养需注重个体差异、因材施教。

[**基金项目**] 本文为北京语言大学研究生创新基金（中央高校基本科研业务费专项资金）项目成果（项目批准号:21YCX064）。

【参考文献】

[1] Allen, J. Post-editing [A]. Somers, H. (eds.). Computers and Translation: A translator's guide [M]. Amsterdam: John Benjamins Publishing, 2003.

[2] Daems J., Vandepitte S., Hartsuiker R., et al. Translation methods and experience: A comparative analysis of human translation and post-editing with students and professional translators [J]. *Meta: Journal des traducteurs/Meta: Translators' Journal*, 2017, 62 (2), pp. 245-270.

[3] Guerberof Arenas A. & Moorkens J. Machine translation and post-editing training as part of a master's programme[J]. *Jostrans: The Journal of Specialised Translation*, 2019 (31), pp. 217-238.

[4] Hu K. & Cadwell P. (2016). A Comparative Study of Post-editing Guidelines. 10.13140/RG.2.1.2253.1446.

[5] Hu K. & Cadwell P. A comparative study of post-editing guidelines [J]. Baltic Journal of Modern Computing, 2016, 4 (2), pp. 346-353.

[6] ISO 18587. Translation Services-Post-Editing of Machine Translation Output-Requirements [S]. Geneva: International Organization for Standardization, 2017.

[7] O'Brien, S. Teaching post-editing: a proposal for course content. In: Proceedings of the 6th EAMT Workshop: Teaching Machine Translation, 2002.

[8] Rico, C. & Torrejón E. Skills and Profile of the New Role of the Translator as MT Post-editor [J]. Tradumàtica, 2012 (10), pp. 166-178.

[9] Rossi, C. (2017). Introducing Statistical Machine Translation in Translator Training: From Uses and Perceptions to Course Design and Back Again. Revista Tradumàtica. Tecnologies de la Traducció, 15, 48-62. https://doi.org/10.5565/rev/tradumatica.195.

[10] Screen, B. What effect does post-editing have on the translation product from an end-user's perspective. Journal of specialised translation, 2019 (31), pp. 133-157.

[11] 崔启亮. 论机器翻译的译后编辑[J]. 中国翻译, 2014, 35（6）: 68–73.

[12] 冯全功, 崔启亮. 译后编辑研究: 焦点透析与发展趋势[J]. 上海翻译, 2016（06）: 67–74+89+94.

[13] 冯全功, 刘明. 译后编辑能力三维模型构建[J]. 外语界, 2018（03）: 55–61.

[14] 冯全功, 张慧玉. 全球语言服务行业背景下译后编辑者培养研究[J]. 外语界, 2015（01）: 65–72.

[15] 刘建珠. 译员双语能力的定义与构成[J]. 考试与评价（大学英语教研版）, 2020（05）: 44–48.

[16] 刘智洋, 柴瑛. 机器翻译译后编辑国际标准的转化研究与要点解析[J]. 标准科学, 2021（08）: 91–95.

[17] 秦昊. 国外机器翻译译后编辑研究现状与分析[J]. 智库时代, 2020（11）: 271–272.

[18] 王华树, 张成智. 大数据时代译者的搜索能力探究[J]. 中国科技翻译, 2018, 31（04）: 26-29. DOI: 10.16024/j.cnki.issn1002-0489.2018.04.025.

[19] 吴娜, 顾毅. 人工智能时代译者译后编辑能力探究[J]. 中国轻工教育, 2020（06）: 50–55.

[20] 魏长宏, 张春柏. 机器翻译的译后编辑[J]. 中国科技翻译, 2007（03）: 22-24+9. DOI: 10.16024/j.cnki.issn1002-0489.2007.03.001.

[21] 肖史洁, 周文革. 论MTI培养方案增设译后编辑课程[J]. 海外英语, 2018（01）:

112–113+117.

[22] 张慧玉, 冯全功. 关注行业发展开拓译学领域——《机器翻译的译后编辑: 过程与应用》评介 [J]. 中国翻译, 2016, 37 (02): 55–59.

[23] 仲文明, 舒超. 译后编辑的能力结构与课程设置——基于国外译后编辑课程的前沿分析 [J]. 外语电化教学, 2020 (06): 86–91+7.

A Case Study on the Development of Student Translators' Post-translation Editing Skills based on the Economic Texts

Beijing Language and Culture University *Yu Long, Yang Chen, Xu Ming*

Abstract: The proper use of machine translation and post-editing ability cultivation by student translators are two important parts of translator training. Based on the practice of post-editing machine translation of economic texts, this study explores the mode of cultivating post-editing ability of student translators in the new era from the problems encountered by student translators in the three processes of pre-translation preparation, machine translation review and proofreading, and manual mutual review, and tries to propose a set of specific processes for reference in relation to translation tasks with the help of machine translation and post-editing.

Keywords: machine translation; post-editing; student translators; competence development; economic texts

基于 Déjà Vu 的 MTI 工程翻译语料库建设与应用

兰州交通大学　鲁军虎[①]　邵　锋[②]
中国甘肃国际经济技术合作有限公司　乔刚民[③]

【摘　要】鉴于国际工程翻译人才培养中校企衔接的"断裂"问题，本案例旨在解决 MTI 研究生培养与企业职场刚需之间的"瓶颈"，构建国际工程翻译人才的翻译教学创新培养模式，探寻国际工程翻译人才的职业化教学范式。本文设计了工程翻译案例教学方案：(1) 以"混合式"教学为研究手段；(2) 以科技翻译的课堂教学活动为基本抓手；(3) 以国际工程翻译为主要内容；(4) 以 Déjà Vu X3 翻译软件为技术平台；(5) 以国际工程翻译人才职业化培养模式的研究为改革目标；(6) 以 MTI 职业突破为主要导向。本翻译教学案例的实施，对国际工程（技术）翻译人才的培养具有借鉴意义和推广价值。

【关键词】Déjà Vu；工程翻译；翻译语料库；建设；孵化式教学

引言

在"一带一路"背景下，"中国高铁走出去"是国际工程合作共建的主要内容之一，促进国际重大工程案例的有效交流与沟通，助推国际工程翻译人才的职业

[①] 鲁军虎（1976—　），副教授、硕士生导师，研究方向为科技翻译、翻译技术及语料库的建设与应用。邮箱：307480227@qq.com
[②] 邵锋（1965—　），副教授，研究方向为工程英语翻译。邮箱：1767390040@qq.com
[③] 乔刚民（1975—　），经济师，研究方向为工程英语翻译。邮箱：461144258@qq.com

化培养与发展，必然成为校企双方共同努力的责任与担当。但实际情况是，高校存在翻译实践教学资料不完善，翻译教学效果不明显，翻译专业毕业生达不到企业实际需求标准等客观问题；企业方面存在为了保护相关机密与利益，既不愿提供双语材料，又不愿主动为培养人才买单等机制硬伤。由此，导致校企双方缺乏紧密合作，各种问题十分突出，使得翻译人才供应与翻译企业岗位刚需之间的矛盾愈演愈烈。因此，实施校企联合，共同培养国际科技／工程翻译人才，主动解决现有矛盾已刻不容缓。

研究表明，"应用翻译研究与行业、领域和地域研究结合不够紧密""翻译教育培训、翻译技术和翻译管理研究泛化现象较为突出"（方群，2020）。在"翻译技术转向"（张成智、王华树，2016）前提下，基于Déjà Vu翻译技术平台，改革传统的翻译教学模式，模拟翻译公司进行翻译专业人才孵化式"传统＋微课"的"混合式"教学，转变对理工类院校学生国际工程翻译能力培养的"固有思维"，实现国际工程笔译人才培养的职业化发展的"无缝对接"，对国际工程笔译人才多模态笔译教学研究具有启发意义。

一、教学设计

鉴于2020年MTI全国教育指导委员会将翻译技术列为MTI核心课程，本案例结合现有相关研究成果，进行基于Déjà Vu的MTI工程翻译语料库建设与教学研究，可缓解"一带一路"背景下甘肃省国际工程翻译人才职业化培养缺失问题与国内外在土木、建筑、交通、环境、电气和通信等六大工程领域翻译人才市场岗位真正需求之间的矛盾；进行国际工程翻译人才多模态语料库翻译教学研究，以期MTI专业研究生课堂教学实践更为深入，教学效果更加明显，课程体系设置更加合理，最终实现MTI国际工程翻译人才培养的可持续发展。

（一）教学思路构想

根据语料库专家Laviosa（1998）"提出假设—设定研究目标—检验假设—分析数据—对发现进行理论阐述—将假设精确化—为未来研究提出新假设"的语料库"假设检验"研究方法，设计教学思路，采集语料，进行定量分析和定性分析，具体思路如下（见下页图）：

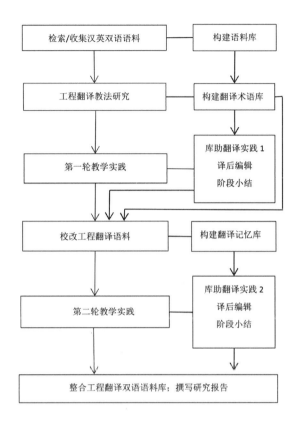

图 1：教学思路构想

整个方案设计突出"检验假设—分析数据—对发现进行理论阐述"的研究环节，为 MTI 国际工程高级翻译人才培养打好语料基础，提高翻译技术实践能力。

（二）教学方案设计

针对工程翻译国际化人才培养，整体实施方案应遵循统一设计的思路，包括"工程翻译教学思维导图""职业能力结构思维导图"和"案例进展转换思维导图"三个方面。三个导图自成一体，互不分割，共同指导工程翻译案例实施，进行翻译专业人才"孵化式"教学。

（1）工程翻译教学思维导图

"工程翻译教学思维导图"从"教—学—用"三方面入手，具体涉及三个阶段，并对"教"进行过程性评价，对"学"予以技术导向，对"用"结合 LSCAT/CATTI 考级与企业接轨。该思维导图具体内容如下图所示：

翻译跨学科研究

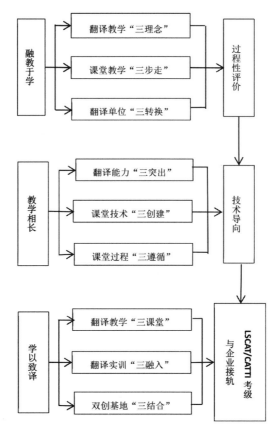

图2：工程翻译教学思维导图

（2）职业能力结构思维导图

"职业能力结构思维导图"从"翻译微技能—实训实践实习"和"职业技能—语言服务能力"两对"反哺"关系入手，具体对应四个方面（如图），其中："翻译

图3：职业能力结构思维导图

微技能"和"实训实践实习"构成前者促进后者、后者反哺前者的关系;"职业技能"和"语言服务能力"构成前者促进后者、后者反哺前者的关系。整个图式构成闭环关系,对日后从事翻译实践的指导有所裨益。该思维导图具体内容如下图所示:

(3) 案例进展转换思维导图

"案例进展转换思维导图"从"课内—课外—建库—纵向—横向"五个环节入手,具体涉及"技能点拨—行业难点—建库与译后编辑—应用实践—拓展提高"五个阶段。该思维导图具体内容如下图所示:

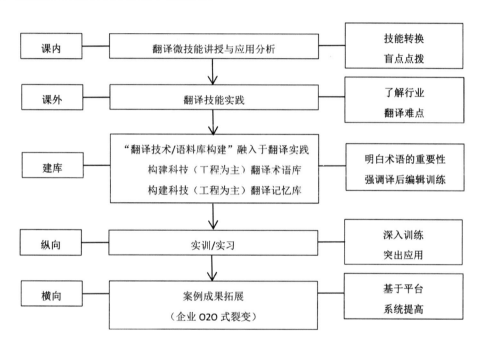

图4:案例进展转换思维导图

案例实践表明,上述三个方面思维导图的设计与应用可实现翻译教学与市场需求的"无缝对接",有效探索新的出路,使学生毕业不失业,上岗不下岗,实现长期稳定的职业化发展,既提高翻译人才培养质量,又孵化出国际工程翻译职业化人才,实现工程翻译人才"学业—专业/职业—就业"的"一条龙"式培养发展路径。

(三)案例特点

相对于学硕的翻译理论与实践方向而言,翻译硕士专业的翻译技术教学更侧重实用性。因此,本案例的主要创新方面如下:

翻译教学设计创新：灌输翻译教学"三理念"，实行课堂教学"三步走"，坚持翻译转换"三单位"，解决教师如何"教"的问题，详见"案例实施"之"教师这样'教'翻译"。

1. 翻译教学设计创新：灌输翻译教学"三理念"，实行课堂教学"三步走"，坚持翻译转换"三单位"，解决教师如何"教"的问题，详见"案例实施"之"教师这样'教'翻译"。

2. 翻译教学实践创新：强调翻译能力"三突出"，运用翻译技术"三创建"，坚持翻译过程"三遵循"，解决学生如何"学"的问题，详见"案例实施"之"学生这样'学'翻译"。

3. 翻译教学实践创新：打通翻译教学"三课堂"，调动实训案例"三融入"，实施双创基地"三结合"，解决学生如何"用"的问题，详见"案例实施"之"学生这样'用'翻译"。

（四）目标与困难

本案例旨在建设 MTI 工程翻译教学"金课"，解决 MTI 工程翻译教学语料、专著缺乏及教法传统等问题，以期最终建成真正具有我校特色的 MTI 国际工程翻译课程（群），使 MTI 专业研究生毕业不失业，上岗不下岗，达到与企业需求目标对接的目的。但本案例的实际执行，存在以下困难：（1）搜集工程翻译资料，整理、构建翻译术语库和翻译记忆库；（2）让相关课程翻译教师突破学硕授课"瓶颈"，课堂教学紧扣"产出导向法"，运用国内外先进的翻译技术，督促学生"翻译创新"；（3）翻译技术软硬件配套建设跟不上学科建设步伐。

二、案例实施

（一）进度安排

本案例预计两年完成，实施进度分三阶段完成，具体安排如下：

1. 双语语料检索；构建翻译术语库；第一轮教学实践。具体实施分三步：（1）申报立项；教法问题梳理；素材检索与整理。（2）教法研究；建术语库；库助翻译实践 1。（3）阶段小结；撰写论文 1。

2. 构建工程翻译记忆库；第二轮教学实践。具体实施分两步：（1）分析语料；库助翻译实践 2。（2）阶段小结；撰写论文 2。

3. 补充术语，构建工程翻译双语平行语料库。具体实施分两步：（1）完善翻译记忆库；撰写论文。（2）整合工程翻译双语记忆库；撰写论文 3；撰写案例报告；结题。

（二）教学过程

根据设计方案，本案例突出翻译技术教学的实用性，具体实施过程如下：

1. 教师这样"教"翻译。（1）翻译教学"三理念"：关注学生课内需求和课外实操，融入"微课""翻转课堂"和"产出导向法"教学理念，采用"传统+微课"的教学模式，补充传统教学弊端，提高教学效果。（2）课堂教学"三步走"：教师教授翻译"微技能"；教师下达课堂翻译任务，学生进行"个人课堂翻译—小组评价—小组合作翻译—小组互评研究"；教师巡视指导，综合点评。（3）翻译转换"三单位"：将翻译单位由传统的以"字、词、句"为翻译单位升到"段落、语篇、文体"的翻译高度；融入"专业语境"，顺应"文体类型"，顺应"译品类型"；翻译技巧、翻译实践和翻译实训高度融合。

2. 学生这样"学"翻译。（1）翻译能力"三突出"：突出对学生翻译能力的提升；突出对学生翻译瞬间"实时"反应的现场思考能力指导；突出对学生翻译评价能力的提升。（2）翻译技术"三创建"：创建术语库；创建翻译记忆库；创建语料库。（3）翻译过程"三遵循"：译前准备；译中创新；译后编辑。

3. 学生这样"用"翻译。（1）翻译教学"三课堂"：以翻译技术课堂为平台，增强翻译实践量的积累，强化 CAT 实操训练与市场需求对接，缩短翻译人才"岗前培训"期；以科技翻译课堂为基础，扩充人才学缘结构，以"专业+翻译"为突破，夯实翻译基础，培养语言服务意识；以工程翻译课堂为提升，分流学生翻译职业导向，强化就业实训导向，辅以案例管理、行业翻译标注，细化准入实践量的积累。（2）实训案例"三融入"：融入"LSCAT 三阶"能力测评，梳理职业翻译人才"国标化"训练模式，强化建立"在线翻译工作室"（或考取 CATTI-2 职业资格）的目标与职业诉求；融入"CAT 技术实操"训练，创建案例、创建语料库、创建术语库等，熟练使用翻译技术应用，从 MT、TM、再到 AI 适度融合；融入"翻译工作坊"模式，强化译员职业化组合与对接模式，分工与合作并举，独立与协作并存，接单、报价、术语、分包、个译、建库等，全接触。（3）双创基地"三结合"：结合学院"外语语言服务创新创业基地"，强化学生语言基本技能的提高，狠抓语料处理、字幕翻译、翻译评估等基本功；结合学院与中国翻译协会共建"LSCAT 翻译实训基地"，加强翻译接单模式培养；结合学院与知识产权出版社共建"专利翻译实训基地"，补充专利翻译知识，强化相关专利翻译技能，直接对口用人单位专利翻译行业需求。

三、案例产出与应用

经过一年半的教学实践和翻译实训，现已建成"铁路工程汉英翻译术语库"1个；建成"国际工程汉英翻译记忆库"1个；"土建工程英汉翻译术语库"1个。这三个语料库可直接用于国际工程英汉互译案例的翻译实操。具体进展与完成情况如下：

（一）案例成果

(1) 铁路工程汉英翻译术语库

安排2019级MTI研究生以2010年版原铁道部经济规划研究院主编《铁路工程建设标准指南：铁路工程建设标准英文版翻译指南》为蓝本，制作《铁路工程汉英对照术语库》。扫描文档，用ABBYY Aligner 12.0进行分行对齐处理后，建成术语库2.5万对词条，包括典型用语及标准化用词，通用名词，地质、测量、线路与轨道、路基、桥梁、隧道、混凝土、站场、通信、信号、信息化、电力电牵、机务车辆设备、房屋建筑、给排水与环保等领域的专业术语，以及翻译记忆库200句对，合计9.8万字。2020级MTI研究生基于2019级的《铁路工程建设标准指南：铁路工程建设标准英文版翻译指南》扫描版，进行整合后，制作成术语库。

(2) 国际工程汉英翻译记忆库

2019级MTI研究生根据某海外工程公司提供的双语材料，通过Déjà Vu X3平台的"分行"功能进行语料处理，但因汉语版出现错行等错误，改用ABBYY Aligner 12.0进行分行对齐处理，制作成《国际工程汉英翻译记忆库》，包括土木、建筑、交通、环境、电气和通信六大领域。因此，为了便于操作和提高实训效率，建议Déjà Vu X3的汉化版功能有所改进和提高。

(3) 土建工程英汉翻译术语库

安排2020级MTI研究生结合由我院签约实习单位福州译国译民翻译服务有限公司提供的中英文电子文档《ACI 301M-10结构混凝土规范（公制）》《ACI 302.1R-04混凝土底板和混凝土板施工指南》《ACI 305.1-06炎热天气混凝土浇筑规范》《ACI 306.1-90寒冷天气混凝土浇注规范》《ACI-347-04混凝土模板指南》《SSPC_SP6-

2007 工业级喷砂清理》《SSPC-SP7 刷清喷砂清理》和《DN250.400 阀门说明书》等，用 ABBYY Aligner 12.0 进行分行对齐处理，先建构《土建工程英汉翻译记忆库》。在此基础上，启用英文版 Déjà Vu X3 平台的"术语萃取"功能，针对土建工程常用术语的行业特性，提取英汉术语共计 2000 词对，再建构《土建工程翻译术语库》。

（二）案例应用

(1) 组织形式

采用翻译"工作坊"模式，分组协作，利用课余完成，成绩计入期末考核（其中，建构术语库占总分的 30%；建构翻译记忆库占总分的 20%；译后编辑占总分的 30%）。其中，2019 级 MTI 研究生共 12 人，分 3 组，每组 4 人，各设 1 名组长，完成案例 1。由班长担任翻译案例经理，各组限期 4 天内完成，最后由案例经理统稿。2020 级 MTI 研究生共 19 人，完成 2 个案例。分 4 组，每组 5 人，各设 1 名组长。案例 1 由班长担任翻译案例经理，各组限期 3 天完成，最后由案例经理完成统稿和质检工作，并提交；案例 2 由学习委员担任翻译案例经理，各组限期 1 天完成，最后由案例经理完成统稿和质检工作，并提交。上述案例完成后，由任课教师对译后编辑的文档进行统一点评，先分组点评，后点评个人，突出问题的解决。

(2) 翻译案例

安排 2019 级 MTI 研究生利用"铁路工程汉英翻译术语库"和"国际工程汉英翻译记忆库"进行翻译实训，翻译《××工程公司海外施工材料》英汉文本，其中土建类 121 页（3.89 万字），机务类 126 页（3.59 万字），电气类 126 页（6.36 万字），共计 13.84 万汉字。人均 30—31 页，完成约 11 533 字的翻译量。

安排 2020 级 MTI 研究生利用《铁路工程汉英翻译术语库》《国际工程英汉翻译术语库》和《国际工程汉英翻译记忆库》进行翻译实训，翻译工程类文本 2 个：（1）翻译《××工程公司海外施工材料》英汉文本，其中土建类 121 页（3.89 万字），机务类 126 页（3.59 万字），电气类 126 页（6.36 万字），共计 13.84 万汉字。人均 30—31 页，完成约 7 284 字的翻译量；（2）翻译《新开发银行贷款兰州新区××示范工程案例管理咨询服务合同》41 页，共计 20 719 汉字。人均 2.16 页，完成约 1 091 字的翻译量。

特别说明：由于 2019 级 MTI 研究生是我校首届招生培养对象，相关教学与实训处于本案例初期，加上任课教师拥有的国际工程类双语翻译材料相对有限，只安排了一个案例的文本翻译实训。随着本案例的深入开展和合作对象海外工程的竣工，安排 2020 级 MTI 研究生实施了两个案例的文本翻译实训。随着翻译技术和教学熟练程度的加强，这种基于翻译技术平台的"孵化式"翻译实践教学将会更加多样，案例也会逐年增多。

（三）问题与对策

(1) 异常问题

文本扫描中，出现了非人为的客观异常问题：（1）扫描问题：因为没有配套扫描设备，研究生又以女生居多，对高科技办公设备操作有戒备心理，又不善于创造性解决问题，全班借助外包（打印店）设备进行脚本扫描，完成了电子化转换。但因纸质问题，导致扫描结果不够清晰。（2）识别问题：打印店使用的复印、打印、扫描一体机，不具备"逐行扫描"功能，"块面"化识别模式导致文本识别后，出现许多文字处于文本框的限制范围，不能正常编辑，给文本校对带来很大困难。（3）漏词问题：有些页面扫描后识别为空白，需要人工录入。

(2) 解决对策

鉴于上述问题，任课教师在教学中具体问题具体分析，逐一突破，对策如下：（1）逐行扫描：采用扫描笔，针对识别有误、扫描漏洞部分进行逐行扫描，补充、提高识别正确率。（2）协作编辑：分组协作，多人分工，逐条核查，逐页核对，手动编辑，四个小组限期完成编辑工作。（3）补录漏词：采用手机"OCR 扫描王" APP 软件，对扫描后识别为空白的漏词页面进行逐页拍照和识别，完成校对。

四、案例启示

本案例的实施，对 MTI 翻译实践教学具有理论启发和实践导向。

（一）理论借鉴

本案例在"一带一路"和大数据背景下，针对甘肃省高校国际工程翻译人才培养过程，进行语料库教学多模态探究。

本案例针对 MTI 专业研究生进行翻译课程教学，结合我校开设的翻译技术、科技翻译、工程翻译概论等核心课程和其他各类翻译课程，通过"输出—输入"导向法、"翻转课堂"及"微课"等新的教学理念，进行国际工程翻译类课程的课内外教学，充分利用校企合作的翻译实训案例等实训过程，贯穿结合"搜智""翻译工作坊"、翻译技术、翻译案例管理等教学手段，给学生以翻译职业化实训教学，最终构建了具有校本特色的"国际工程翻译人才培养立体化模式"，并向省内外各高校推广，实现O2O复制模式。本案例对解决培养国际工程翻译人才培养模式，具有理论意义和实践价值。

（二）应用价值

本案例从当下科技翻译教学的"瓶颈"出发，调研传统的课堂翻译能力培养模式导致学生翻译能力培养缺失问题的深层次原因，明确学生的翻译能力达不到市场要求的诸多因素，改变因一般翻译教学只重视普适意义上语言和文化等基础能力而忽略了转换能力是核心的笔译教学短板，突出翻译技术能力作为辅助手段，进行"传统＋微课"的"混合式"教学，构建语料库，修订教材，制作微课课件，改革科技英语翻译教学模式，构建"工程翻译"多模态教学模式，以强化我校对文科类学生的国际工程翻译"理论＋实践"能力的培养。对促进我校MTI国际工程翻译人才培养环节更加适合市场实际职业化需求，避免严重脱节之缺憾，解决甘肃省国际工程笔译人才培养的职业化"无缝对接"发展，具有实际应用价值。

结语

本案例基于Déjà Vu X3翻译技术平台，针对MTI专业研究生，指导建设工程翻译语料库（术语库、句对库），基于术语库、翻译记忆库进行课堂翻译教学，将Déjà Vu翻译技术平台、工程翻译语料库建设和MTI课堂教学实践紧密结合，教改方向特殊，选题定位特别，研究思路清晰，研究方案新颖。通过翻译语料库（术语库、翻译记忆库）的建设，使MTI研究生巩固了Déjà Vu X3翻译技术，强化了基于该平台的翻译转换实操，掌握了国际工程汉英互译术语及术语库和翻译记忆库应用，锻炼了基于翻译技术平台的译前准备能力，能熟练进行翻译实践，提高了国际工程翻译材料的译后编辑能力。

该案例对我校MTI专业研究生的课程体系建设、课堂教学以及"国际工程"翻译导向模式下的高级翻译人才培养具有创新性和可操作性，为培养国际工程应用型翻译人才可持续性发展打下比较坚实的翻译技术基础和译后编辑基础，提高了MTI工程翻译方向研究生的翻译实践能力。O2O模式具有可复制性，对工程类院校的 MTI 研究生培养具有参考价值，对"以科技翻译课程改革来促进中国工程技术国际话语体系的构建"（魏怡，2020）具有积极意义。

[**基金项目**] 本文为兰州交通大学"2019—2020 学年研究生教育项目"（项目编号：JG201930）和"甘肃省教育厅 2019 年高等学校英语教学改革研究项目"重点项目（项目编号：Z201903）的阶段性研究成果。

【参考文献】

[1] Laviosa, Sara. "The Corpus-based Approach: A New Paradigm in Translation Studies" [J]. *Journal des Traducteurs / Meta: Translators' Journal*, vol. 43, n 4, 1998.

[2] 毕冉, 赵晓霞. "工作坊"模式下科技英语翻译教学探微 [J]. 山西青年报, 2017-7-8（第 007 版）.

[3] 淳柳, 韩淑芹. 理工类高校应用型人才培养对策——以科技翻译人才培养为例 [J]. 中国高校科技, 53–55.

[4] 方群. 应用翻译研究二十年（2000—2019）——基于 17 种外语类核心期刊的统计分析 [J]. 上海翻译, 2020(01): 62–67.

[5] 胡开宝. 语料库翻译学概论 [M]. 上海: 上海交通大学出版社, 2011.

[6] 贾一诚. 译者能力与专硕翻译教学——简论美因茨大学翻译培养模式对我国 MTI 翻译教学的启示 [J]. 西安外国语大学学报, 2015(12): 70–73.

[7] 马旭燕. 众包在案例翻译教学中的应用初探 [J]. 上海翻译, 2017(6): 62–66.

[8] 任大玲. 翻译教学与翻译技术并重的案例型翻译能力培养课程模式 [J]. 外语电化教学, 2013(5): 42–48.

[9] 铁道部经济规划研究院. 铁路工程建设标准英文版翻译指南 [M]. 北京: 中国铁道出版社, 2010.

[10] 王华树. 翻译技术教程 [M]. 北京: 商务印书馆, 2017.

[11] 魏怡. 中国工程技术话语体系构建背景下科技翻译课程改革研究 [J]. 石家庄铁道大学学报（社会科学版）, 2020, 14(01): 90–94+105.

[12] 张成智, 王华树. 论翻译学的技术转向 [J]. 翻译界, 2016(02): 104–118+139.

[13] 赵璧, 冯庆华.《翻译专业本科教学指南》中的翻译技术：内涵、历程与落地 [J]. 外语界, 2019(10): 14–20.

[14] 赵倩. MTI 课程设置的优化探究 [J]. 中国民航飞行学院学报, 2021, 32(01): 72–75+80.

A Case Teaching on the Construction and Application of MTI Engineering Translation Corpus Based on DéjàVu

Lanzhou Jiaotong University *Lu Junhu, Shao Feng*
China Gansu International Economic and Technical Corporation Co., Ltd *Qiao Gangmin*

Abstract: Having analyzed the problems of the interconnection-gap between universities and enterprises in the training of international engineering translators, this paper focuses on designing a teaching scheme of engineering translation project, while taking (1) "mixed" teaching as the research method; (2) the classroom teaching activities of sci-tech translation as the fundamental field; (3) international engineering translation as the main content; (4) Déjà Vu X3 translation software as the technical platform; (5) studying the professional training mode of international engineering translators as the reform target; (6) MTI career breakthrough as the major orientation. The purpose of this study is to solve the bottleneck between the training of MTI postgraduates and the typical needs of translation companies in the real workplace, establish an innovative training model of translation teaching for international engineering translators, and practically explore a training paradigm for the professionals of international engineering translation. The paper can be of referencial significance and promotion value for the training of international engineering (technical) translators.

Key Words: DéjàVu; Engineering Translation; Translation Corpus; Construction; the Teaching and Training of Talents Incubation

翻译实践

《抗击新冠肺炎疫情的中国行动》白皮书中评价资源的英译研究

解放军陆军工程大学 郑 贞[①] 杨洛茜[②]

【摘 要】 本文主要研究了《抗击新冠肺炎疫情的中国行动》白皮书中评价资源的英译方法。首先，概述了该白皮书发布的背景及其重要意义，并回顾了现阶段对抗疫外宣的研究现状。其次，对照白皮书的中英文本，考察文本中三类典型的评价资源：形容词、副词和动词的翻译方法及其产生的叙事效果。最后得出结论，认为该白皮书灵活应用不同的翻译方法，较为准确和有效地再现了原文中的评价资源，对构建战疫外宣中的中国叙事话语起到了重要的推动作用。

【关键词】 抗击新冠肺炎疫情的中国行动白皮书；评价资源；英译

引言

2020 年，一场前所未有的疫病大流行病席卷全球，中国集全民之力，取得了这场坚苦卓绝的战役的决定性胜利实属不易。在这个没有硝烟的战场上，中国人民不仅要面对传染性极强的病毒，还要不断地将中国抗疫之现实向国内外舆论报道和展示。这次战斗中构建起来的中国战疫叙事话语是非常成功的一次外宣实践，不仅真实再现了中国抗击疫情的点滴，也有力回应了国际关切，更加反击了个别国家妄图污化中国之企图。

现阶段，有关抗疫战疫的外宣研究主要集中于传播学研究视角，重点考察的是

[①] 郑贞（1982— ），副教授、博士，研究方向为翻译理论与实践。邮箱：zhzhen007@126.com
[②] 杨洛茜（1981— ），讲师，研究方向为批评话语分析。邮箱：3546794@qq.com

纸质和网络国际媒体中有关中国抗疫情况的报道,如朱名佳(2020)《"新冠"疫情报道中的中国形象呈现——以 China Daily 和 Newsweek 上的报道为例》,对比了中美两个网络媒体对中国抗疫情况的报道,认为美媒散布着关于此次疫情的谣言和恐慌,并结合 China Daily 网站报道阐释了在应对突发公共卫生事件时媒体应该如何理性地进行报道。李婵的《"他国"的苦难——〈华尔街日报〉对中国新冠肺炎疫情的媒体呈现研究》收集了 2020 年 1 月 9 日至 3 月 17 日《华尔街日报》刊登的、围绕中国新冠肺炎疫情的 127 篇报道,共计形符数 98910 词。采用自下而上的分析方法,从语料的高频词及其语义特征出发,考察该媒体的报道重点,认为意在借疫情重申对中国体制的批判,并提出了我国的应对之策。张建中的《恐惧与歧视:西方媒体对新冠肺炎疫情的报道分析》认为,总体来看,在报道新冠肺炎疫情时,西方新闻媒体遵循着一种隐性偏见的模式。张富丽的《中国媒体新冠肺炎疫情报道与国际舆情应对》通过跟踪疫情报道与舆情变化,总结疫情报道国际传播的发展过程及特点,提炼舆情应对的基本原则,希望对中国媒体积极引导国际舆论、塑造中国良好国际形象有所借鉴。金静的《全球战"疫"纸媒如何打——〈北京晚报〉世界新冠疫情报道的全媒体实践》将报纸版面和新媒体客户端相结合,且各有侧重、互为补充,并且注意在报道中加入积极心理学元素,将优质内容和优质平台相结合,探索适合自身的最佳报道之路。周亭、巩玉平的《国际媒体有关新冠肺炎疫情报道的传播力比较研究——以 CGTN、CNN 和 BBC 为例》对 CGTN、CNN 和 BBC 涉及新冠肺炎疫情报道的国际传播能力和效力展开对比分析。研究认为,CGTN 在报道的速度和内容生产能力上体现出了较大的优势,但仍需加强传播平台的话语权和影响力,从而进一步提升国际议程设置效力。

从现有研究可知,对战疫外宣的研究主要聚焦的是传播的宏观视角,而很少研究外宣文本本身,也鲜有研究涉及《抗击新冠肺炎疫情的中国行动白皮书》(以下简称《抗疫行动白皮书》)这个及时对外发布,介绍我国战疫全过程,总结经验,表达谢意,并宣示我国未来防控疫情决心的官方文本。因此本研究将尝试从功能语言学视角研究这个非常有价值有意义的文献,以期对我国抗疫外宣文本研究有所贡献。

一、从《抗击新冠肺炎疫情的中国行动》白皮书的英译看战疫外宣中中国叙事话语的建构

2020 年 6 月 7 日上午 10 时,中国国务院新闻办公室发布《抗疫行动》白皮书。《抗疫行动》白皮书约 3.7 万字,包括前言、正文和结束语。正文分为四个部分,

分别是中国抗击疫情的艰辛历程、防控和救治两个战场协同作战、凝聚抗击疫情的强大力量、共同构建人类卫生健康共同体。

《抗疫行动》白皮书的翻译属于外宣翻译，是一种目的性很强、追求实效和时效的社会实践活动，其目的在于通过这部真实记录中国抗疫艰辛历程的重要文献，分享中国疫情防控和医疗救治有效做法，介绍中国人民历经疫情磨难的感受和体会，传递团结合作战胜疫情的信心和力量（徐麟，2020）。笔者通过仔细对比白皮书的原文和译文，发现译文很好地反映了客观事实，传达时效性信息，其信息的传达"经济简明"（Economical Conciseness），为构建中国抗疫外宣的话语体系提供了一个很好的范例。

评价理论是系统功能语法中话语分析的工具。它们像韵律一般连续不断地贯穿在话语的发展过程中，弥漫在整个话语中，从中可以看出叙事者无处不在的干预。白皮书作为向外国介绍我国防疫抗疫情况的官方文件，同样也存在着评价的资源，体现了叙述者，主要是政府的态度。《抗疫行动》白皮书中评价资源主要体现在以下三个方面：评价性形容词，评价性副词和评价性动词。

（一）评价性形容词的翻译方法

(1) 直译

在白皮书第一部分中介绍了中国抗疫的艰辛历程。

1) 面对**前所未知、突如其来、来势汹汹的**疫情天灾，中国果断打响疫情防控阻击战。

Facing this unknown, unexpected, and devastating disease, China launched a resolute battle to prevent and control its spread.

"前所未知""突如其来""来势汹汹的"这3个描写性形容词评价说明了这场疫情来之突然，毫无预兆，可以预见下面的战役将如何艰辛困难。译文"unknown""unexpected""devastating"直译保留了原文中的形容词评价，其中"unknown, unexpected"不仅保留了原文意思，而且压了头韵，"devastating"意思是"毁灭性的"，说明了这场疫情对中国的打击之大，但是中国却没有退缩，果断进行了反击，这就是中国担当和中国勇气。

2) **最全面最严格最彻底的**全国疫情防控正式展开，疫情蔓延势头初步遏制。

The most comprehensive, stringent and thorough epidemic prevention and control campaign was launched nationwide, and initial progress was made in curbing the spread of the virus.

中国开始了"最全面最严格最彻底的全国疫情防控",译文直接翻译了原文的最高级,直截了当地将这场抗疫大战的序幕在读者眼前拉开,说明时间就是生命,中国在与时间赛跑,要在第一时间展开最有效最有力地行动,以保卫人民健康和安全。

3) 对湖北省、武汉市对外通道实施**最严格的**封闭和交通管控。
The strictest closure and traffic restrictions were enforced on all outbound routes from Wuhan and Hubei.

为了有效地阻断疫情传播途径,国家对武汉和湖北实施了"最严格的"封闭和交管措施,译文直接保留了原文的形容词最高级,翻译为"the strictest",让英语读者体会到中国为实施疫情防控做出的迅速果断的行动,真正从源头上有效阻断疫情传播,把感染源最大可能地限制在武汉及湖北省其他地区这个小范围之内。这也为全国和世界防控疫情赢得了宝贵时间。

4) 在**最短时间集中最大力量**阻断疫情传播
It **pooled all its strength in the shortest period of time**, and halted the spread of the epidemic.

"在最短时间内集中最大力量",两个"最"的形容词评价足以说明情况之紧急,反应之迅速。译文"pooled all its strength in the shortest period of time"通过两个表示最高级的形容词"all"和"shortest"将任务紧迫性和中国反应之迅速都清晰展示在读者面前。

(2) 省译
1) 中国把人民生命安全和身体健康放在第一位,以坚定果敢的勇气和决心,**采取最全面最严格最彻底的防控措施**,有效阻断病毒传播链条。
Making people's lives and health its first priority, **China adopted extensive, stringent, and thorough containment measures,** and has for now succeeded in cutting all channels for the transmission of the virus.

中国果断采取的防控措施是"最全面最严格最彻底的",译文并没有将原文中的形容词最高级翻译出来,而是翻译为"extensive, stringent, and thorough"。因为这些词语本身就已经体现了最高级,无须在译文中再次强调,显得冗余。译者认为,后面对中国各项抗疫举措的具体描写足以说明其全面、严格和彻底了。

2)中国感谢国际社会给予的**宝贵理解和支持**,中国人民永远铭记在心。

China appreciates **the understanding and support** of the international community, which our people will always cherish.

"中国感谢国际社会给予的宝贵理解和支持",译文没有翻译评价性形容词"宝贵",而是直接翻译了宾语"the understanding and support",在表达中国对国际社会对于中国的理解和支持的那种感激之情上有所削弱。

(3)释译

1)新冠肺炎疫情是**新中国成立以来发生的传播速度最快、感染范围最广、防控难度最大**的一次重大突发公共卫生事件……

The Covid-19 epidemic is a major public health emergency. The virus **has spread faster and wider than any other since the founding of the People's Republic in 1949, and has proven to be the most difficult to contain.**

此处将新冠疫情的性质界定为"新中国成立以来发生的传播速度最快、感染范围最广、防控难度最大",译文没有直接翻译为最高级,而是将这些形容词评价资源进行了解释性翻译,处理为小句子:"新中国成立以来发生的传播速度最快、感染范围最广"译为"The virus has spread faster and wider than any other since the founding of the People's Republic in 1949",将"防控难度最大"翻译为"has proven to be the most difficult to contain"。通过这种解释性翻译,让读者对中国人民当时面临的巨大挑战和困难感同身受。

2)在中国共产党领导下,全国上下贯彻"坚定信心、同舟共济、科学防治、精准施策"总要求,**打响抗击疫情的人民战争、总体战、阻击战**。

Under the leadership of the CPC, the whole nation has followed the general principle of "remaining confident, coming together in solidarity, adopting a science-based approach, and taking targeted measures", **and waged an all-out people's war on the virus.**

这场抗疫战争是"人民战争、总体战、阻击战",这里三个并列的形容词评价,说明了战争的性质和作战的难度,译文没有直接翻译,而是意译为"an all-out people's war on the virus"即"人民全面抗击病毒的战争"。这样的译文符合英文表达习惯,更加简洁和易于理解接受。

3)中共中央总书记习近平主持座谈会并发表重要讲话,强调面对**突如其来的**疫情,……

General Secretary Xi chaired and addressed the meeting. He said that when the novel coronavirus struck, **catching the country unawares**, …

评价性形容词"突如其来的"说明了疫情事发突然,我们完全没有防备,但是对我们造成的影响巨大,破坏力很强。译文没有直接翻译为形容词,而是采用独立的分词结构作状语"catching the country unawares",用副词"unawares"表示"意外地,事先无计划地",使当时的紧急状态直接呈现在读者眼前。

4)在中共中央统一领导下,各地方各方面坚决贯彻中央决策部署,有令必行、有禁必止,严格高效落实各项防控措施,全国形成了**全面动员、全面部署、全面加强,横向到边、纵向到底的**疫情防控局面。

Local authorities and other stakeholders have implemented each and every one of the decisions, plans and prohibitions of the central authorities, and strictly and effectively enforced all response measures. Thus, **an effective and well-functioning whole-of-the-nation** control mechanism is in place.

原文中"全国形成了全面动员、全面部署、全面加强,横向到边、纵向到底的疫情防控局面"的评价性形容词翻译为"an effective and well-functioning whole-of-the-nation",省略了原文中三个重复的"全面",并将"横向到边、纵向到底"的评价性形容词解释性地翻译为"whole-of-the-nation",非常形象生动,更加简洁明了地突出了防控疫情措施的果断和坚决。

(4) 增译

1)面对疫情在全球传播蔓延,中国向国际社会提供力所能及的援助,源于中国人民的古道热肠,源于对其他国家人民遭受疫情苦难的感同身受,源于面对灾难同舟共济的人道主义精神,源于大国的责任和担当,绝非输出中国模式，更不是为谋求所谓**地缘政治利益**。

In the face of a virus that is spreading worldwide, China has offered help to other countries to the best of its ability. It is doing so out of the kindness of its people, the empathy they have with people of other countries suffering from the pandemic, the humanitarian spirit of helping each other amid disasters, and its sense of responsibility as a major country. China is not exporting its model, nor is it pursuing **selfish geopolitical interests**.

这里强调了中国向国际社会提供援助绝不是为了谋取有些国家所谓的"地缘政治利益"，英译文增加了"selfish"这个评价性形容词，突出了某些国家眼中的中国形象，认为中国利用向他国提供援助来输出自己的模式，谋取私利，是非常狭隘的心理。在翻译白皮书中的形容词性评价资源时，首先应分清此评价资源是否代表了某种态度，宣示了某种立场。如果是，应该在译文中予以最大限度地保留和传译。如果不是，则可以省译，从而提高译文的可读性和简洁性。

（二）评价性副词的翻译方法

（1）改译

1）强调要以更大决心、更强力度推进脱贫攻坚，**坚决**克服新冠肺炎疫情影响**坚决**夺取脱贫攻坚战全面胜利，**坚决**完成这项对中华民族、对人类都具有重大意义的伟业。

... highlighted the need to **offset the impact of the epidemic in order to clinch a complete victory over poverty** – a cause of such tremendous importance to China and all of humanity.

这是习主席在出席决战决胜脱贫攻坚座谈会时强调的内容，用三个"坚持"强调了主席对中国人民的殷切希望，要求全国人民坚决克服疫情对经济影响夺取脱贫攻坚战的胜利。译文省略了三个表达强调语气的副词"坚决"，直接翻译了核心的意思"offset the impact of the epidemic in order to clinch a complete victory over poverty"，非常简洁明了，而且突出强调了我国在疫情相对稳定后，抓经济促脱贫大业完成的决心和行动。有时候译文会用其他副词替换原文评价性副词，体现出不同的情感色彩。

121

2）总体上，中国本轮疫情流行高峰已经过去，新增发病数持续下降，**疫情总体保持在较低水平。**

China as a whole, with the number of new cases steadily declining **and the epidemic comfortably under control.**

白皮书中对疫情流行高峰期过去所下的判断是基于疫情"总体"保持在较低水平，译文将评价性副词"总体"没有翻译为"generally"，而是替换为"comfortably"。这个副词是表示"适度"的意思，表明现在虽然疫情还没有完全结束，但是已经在可控范围之内，所以基本可以判断疫情的峰值已经过去。译文比原文"总体"更加准确和贴合现阶段我国抗疫战争所处的阶段，因为国内还有零星分散发生的疫情、关联性疫情、境外输入疫情发生，但是都在可控范围以内，不会引起大规模的流行和感染。

3）强调要**准确识变、科学应变、主动求变**，善于从眼前的危机、眼前的困难中捕捉和创造机遇；

He emphasized the need to **remain sensitive to changes, respond to them with well-judged actions, be ready to adjust the approach when necessary,** and identify and seize opportunities in the current crisis.

习近平主席在浙江调研疫情防控工作时候，强调"准确识变、科学应变、主动求变，善于从眼前的危机、眼前的困难中捕捉和创造机遇"，其中的副词"准确""科学""主动"分别灵活地翻译为"remain sensitive to"（保持敏感），"with well-judged actions"（做好判断再行动），"be ready to"（准备好）。译者采取的变译法对原文的评价性分词进行了解释，而没有直接对译为相应的副词，更加符合英语读者的阅读需求和习惯。

4）健全**及时发现、快速处置、精准管控、有效救治**的常态化防控机制

establishing a sound long-term epidemic response system that ensures **early detection, quick response, targeted prevention and control, and effective treatment.**

这里对常态化防控机制的介绍采取的是偏正结构并列的短语"**及时发现、快速处置、精准管控、有效救治**"，是由四个"副词＋动词"的偏正结构组成的。译文"**early detection, quick response, targeted prevention and control, and effective treat-**

ment"翻译为了四个"形容词+名词"的偏正结构。虽然保留了原文偏正结构,但是词性发生了改变。这样的改变并不影响原文意思表达,而且更加符合英语读者的阅读习惯。

(2) 直译

1)中共中央总书记习近平主持座谈会并发表重要讲话,强调面对突如其来的疫情,中共中央高度重视,坚持把人民生命安全和身体健康放在第一位,**果断**采取一系列防控和救治举措,……

General Secretary Xi chaired and addressed the meeting. He said that when the novel coronavirus struck, catching the country unawares, the CPC Central Committee gave its full attention to the matter. Putting people's lives and health first, it **swiftly** adopted a series of policies on prevention and control of the virus and treatment of the infected.

习近平主席在主持座谈会上讲到中国在面对疫情突袭的突发状况,能够"果断采取一系列防控和救治措施",体现了我党将人民生命至于最高地位,为挽救生命迅速采取行动的立场和态度。译文直译为"swiftly"(立即地,反应快地)真实再现了中国抗击疫情的速度和坚定态度。

2)广大民众扛起责任、众志成城,**自觉**参与抗击疫情。

The general public shouldered their responsibilities, united as one, and **proactively** participated in epidemic prevention and control.

这是一场人民战争,战争胜利最终取决于全民团结和参与,因此将人民"自觉"参与抗疫翻译为"proactively"是积极的意思,更加说明了人民自觉自愿投身抗疫战斗,才能取得这场战疫的决定性胜利。

(3) 增译

1)中国是病毒**受害**国,也是全球抗疫**贡献**国,应该得到**公正**对待而不是责难。

China has suffered **tremendously** but has contributed **generously** to the global efforts to combat the virus. Its efforts should be **duly** recognized, and it should not be criticized **groundlessly**.

这是中国在为自己辩护,我们是"受害者""贡献国",应该得到"公正"对待,而不是"责难"。译文将前面两个名词宾语改为了动词+副词的结构:"suffered tremendously"和"contributed generously",将"公正对待"直译为"duly recognized",将"责难"翻译为"criticized groundlessly",分别增加了评价性副词"tremendously""generously""groundlessly",与评价性副词"duly"形成押韵,也说明了中国抗疫之艰辛,贡献之大,所以应该受到公正待遇而不是无端指责。这是中国发出的正义之声。

(三)评价性动词的翻译方法

(1) 省译
1) 14亿中国人民**坚韧奉献守望相助**
Uniting as One–China's Billion People

"14亿中国人民坚韧奉献守望相助"中本没有范畴词,但是译文"Uniting as One"却增加了原文中没有的范畴词"one",意思为团结一心,来意译"守望相助"更加准确表达了中国人民抗击疫情时万众一心、众志成城的决心和行动。译文也更符合英语读者阅读习惯。

2) 中国始终秉持人类命运共同体理念,肩负大国担当,同其他国家**并肩作战、共克时艰**。
Having forged the idea that the world is a global community of shared future, and believing that it must act as a responsible member, **China has fought shoulder to shoulder with the rest of the world.**

面对凶猛的疫情来袭,中国勇挑重担,和世界人民一起"并肩作战、共克时艰"。这两个并列动词说明中国的立场态度和实际行动,前者是行动,后者是目的。译文"China has fought shoulder to shoulder with the rest of the world."省译了"共克时艰",即没有翻译出最终的目的,但是从上下文读者们明白中国与世界休戚与共的目的是为了一同度过这个最困难的时期。这样的译文简洁明了,直截了当又准确传达了中国行动和中国态度。

3) 中国**感谢和铭记**国际社会宝贵支持和帮助
China **Appreciates** Support from the International Community

中国是一个友善的民族，永远感念那些在我们最困难的时候给予我们帮助的国家。"感谢和铭记"表达了我们的感恩之情。译文 appreciate 主要翻译了感谢的意思，铭记却省略掉了。此处可翻译出来，以此说明中国对国际社会的援助是源自我们发自内心的感激和受人恩惠涌泉相报的行为。

(2) 改译

1) 中共中央总书记、国家主席、中央军委主席习近平前往浙江，就统筹推进新冠肺炎疫情防控和经济社会发展工作进行调研，**指出**要把严防境外疫情输入作为当前乃至较长一段时间疫情防控的重中之重，增强防控措施的针对性和实效性，筑起应对境外疫情输入风险的坚固防线；**强调**要准确识变、科学应变、主动求变，善于从眼前的危机、眼前的困难中捕捉和创造机遇；**强调**要在严格做好疫情防控工作的前提下，有力有序推动复工复产提速扩面，积极破解复工复产中的难点、堵点，推动全产业链联动复工。

Xi Jinping made an inspection tour to Zhejiang Province to review its Covid-19 control and economic and social development. **He stressed that** guarding against inbound infections should be the top priority for the country both now and in the foreseeable future and that control must be targeted and effective so as to build a strong line of defense against inbound cases. **He emphasized** the need to remain sensitive to changes, respond to them with well-judged actions, be ready to adjust the approach when necessary, and identify and seize opportunities in the current crisis. **He urged** a steady return to work in more sectors while strictly continuing virus control measures and resolving problems hindering the return to work, so as to restore the operation of complete industrial chains.

习近平主席在浙江调研时候做出以下三个方面重要指示："指出，要把严防境外疫情输入作为当前乃至较长一段时间疫情防控的重中之重""强调，要准确识变、科学应变、主动求变，善于从眼前的危机、眼前的困难中捕捉和创造机遇""强调，要在严格做好疫情防控工作的前提下，有力有序推动复工复产提速扩面，"这里的"指出"和"强调"分别翻译为了"stressed"和"emphasized""urged"，体现出的是不同的语气和评价，"指出"是中性词，而"stress"则强调"严防境外疫情输入"是重中之重，是必须引起高度重视的工作。第一个"强调"翻译为"emphasized"，是强调指出要如何转变危机为机遇，在困境中寻求发展和出路；第二个"强调"翻译为"urged"，是主席希望在保护好人民健康安全的前提下能够尽快让经济生活恢复正常，力争实现经济建设目标。

2）覆盖全人群、全场所、全社区，**不留死角、不留空白、不留隐患**。

These measures were implemented nationwide, covering all population groups, locations, and communities, and **leaving no areas unattended and no hidden dangers unaddressed**.

在首都北京的防控方面，要按照以上要求来进行。其中"不留死角、不留空白、不留隐患"中的3个"不留"说明了防控一定要彻底，不能有一丝马虎大意。译文"leaving no areas unattended and no hidden dangers unaddressed"根据英文习惯，翻译为由 and 引导的动宾结构"leave+unattended"和"leave+unaddressed"，其中两个平行宾语中重复了"no"，强调了防控的全面性。译文既考虑了原文信息完整性又考虑了读者阅读习惯和理解接受。

3）面对未知病毒突然袭击，中国坚持**人民至上、生命至上**，举全国之力，快速有效调动全国资源和力量，不惜一切代价维护人民生命安全和身体健康。

Facing the sudden onslaught of a previously unknown virus, China has **put the people's interests first — nothing is more precious than people's lives**. It has rapidly mobilized the manpower and resources of the whole nation and **done everything possible** to protect the lives and health of its people.

面对疫情突袭，国家坚持"人民至上、生命至上"，对于两个"至上"的翻译采取了不同的译法，解释性翻译为"put the people's interests first — nothing is more precious than people's lives"，对于英语读者理解政策内涵很有帮助。

4）医务工作者**白衣执甲、逆行出征**。从年逾古稀的院士专家，到90后、00后的年轻医护人员，面对疫情**义无反顾、坚定前行**。

Medical workers **rose to the challenge.** Medical workers, from the very young to the very old, **showed no hesitation** in confronting the epidemic.

在总结各行各业在此次抗疫中的表现时，首先是医务工作者。他们勇敢地站在最前线，替我们挡住了病毒的汹涌来袭，甚至用生命践行了守护人民生命的誓言。"白衣执甲、逆行出征""义无反顾、坚定前行"这两组动词短语，都真实再现了他们的大无畏的战斗和牺牲精神。译文主要采取的是解释性翻译"rose to the challenge"和"showed no hesitation",更加符合英语读者的阅读习惯,意思表达清晰,情感传达到位。

5)面对疫情,中国人民**万众一心、众志成城**,取得了抗击疫情重大战略成果。中国始终同各国紧紧**站在一起,休戚与共,并肩战斗**。

Confronted by this virus, the Chinese people have **joined together as one and united their efforts.** They have succeeded in containing the spread of the virus. In this battle, China will always **stand together with other countries**.

面对疫情侵袭中国,中国人民"万众一心、众志成城",直译为"joined together as one and united their efforts";而对于世界抗疫,中国更是始终同各国"站在一起,休戚与共,并肩战斗",译文"stand together with other countries"省略了两个意义相近的评价性动词成语"休戚与共,并肩战斗"(都是表达中国始终和各国人民站在一起、并肩战斗到底的立场和决心),这对原文核心意义传达并无影响,使得译文简洁明了。

结语

综合以上,在翻译《抗疫行动》白皮书的评价性形容词时,主要采用了直译、省译、增译和释译的翻译方法;在翻译其中的评价性副词时,主要采用了改译、直译和增译;在翻译评价性动词时,主要采取省译和改译的方法。总之,在翻译对外宣传我国抗疫行动的白皮书时,首先应分清此评价资源是否代表了我国的态度,宣示了我国的立场。如果答案是肯定的,就应该在译文中最大限度地保留和传译。如果不是,则可以省译,从而提高译文的可读性和简洁性。

《抗疫行动》白皮书的发表,总结了我国自疫情暴发以来举全国之力,阻击遏制疫情蔓延,并取得了决定性胜利的一次战役。对此次战役进行总结,可以让我们坚定对抗疫必胜的信心,坚定对党领导的信心,坚定对国家制度的自信。通过《抗疫行动》白皮书让世界进一步了解认识中国,为这次抗疫所做出的具体行动、努力和成效,从而有效回应了国际关切,是一次非常重要的外宣活动。我国及时发布了白皮书英译文,牢牢把握住话语权和主动权,通过译文有效构建了抗疫外宣的对外话语体系,塑造了中国努力遏制本国疫情、无私帮助他国抗疫的形象,为增强中国的软实力做出了重要的贡献。

【参考文献】

[1] Fighting Covid-19: China in Action. The State Council Information Office of the People's Republic of China, 2020 [EB/OL]. 检索日期：2020 年 07 月 10 日．网址：http://www.xinhuanet.com/english/2020-06/07/c_139120424.htm.

[2] 金静．全球战"疫"纸媒如何打——《北京晚报》世界新冠疫情报道的全媒体实践 [J]．全球传媒科技，2020（3）：62–64.

[3]《抗击新冠肺炎疫情的中国行动》白皮书．中华人民共和国国务院新闻办公室，2020. [DB/OL]．检索日期：2020 年 07 月 10 日．网址：http://www.xinhuanet.com/politics/2020-06/07/c_1126083364.htm.

[4] 李婵．"他国"的苦难——《华尔街日报》对中国新冠肺炎疫情的媒体呈现研究 [J]．对外传播，2020（5）：69–72.

[5] 张富丽．中国媒体新冠肺炎疫情报道与国际舆情应对 [J]．国际传播，2020（2）：32–40.

[6] 张建中．恐惧与歧视：西方媒体对新冠肺炎疫情的报道分析．对外传播 [J]．2020（4）：17–19.

[7] 朱名佳．"新冠"疫情报道中的中国形象呈现——以 China Daily 和 Newsweek 上的报道为例 [J]．城市党报研究，2020（3）：80–83.

[8] 周亭，巩玉平．国际媒体有关新冠肺炎疫情报道的传播力比较研究——以 CGTN、CNN 和 BBC 为例 [J]．国际传播，2020（2）：22–31.

[9] 蔡小红，曾洁仪．口译质量评估研究的历史回顾 [J]．中国翻译，2004（3）：49–54.

A Study on the English Translation of Evaluation Resources in the White Paper "Fighting COVID-19: China in Action"

Army Engineering University of PLA *Zheng Zhen, Yang Luoqian*

Abstract: This article mainly studies the English translation method of evaluating resources in the White Paper "Fighting COVID-19: China in Action". First, it outlines the background of the white paper's release and its significance, and reviews the current research status of the publicizing of fighting the epidemic. Secondly, by comparing the Chinese and English versions of the white paper, we examine three types of typical evaluation resources in the text: the translation methods of adjectives, adverbs, and verbs and the narrative effects they produce. Finally, we conclude that the white paper uses different translation methods flexibly and is more accurate. It effectively reproduced the evaluation resources in the original text, and played an important role in constructing the Chinese narrative discourse in the publicizing China's action of fighting COVID-19.

Keywords: the White Paper "Fighting COVID-19: China in Action"; evaluation resources; English translation

民歌《敕勒歌》及其英译的经验纯理功能对比研究

广州商学院 程华明[①]

【摘 要】本文以韩礼德的系统功能语言学为理论框架，从经验纯理功能的及物性系统角度分析了《敕勒歌》及其9种英文译本的不同译法，并对其异同作了评析。通过分析诗句原文和英译的及物性过程，我们发现第一、第二、第三句有4种译文，第四句有2种译文与原诗的及物性过程保持一致性。对比诗句原文和译本的及物性过程，探讨参与者与环境成分之间的差异，用功能语言学的理论框架来描述诗歌及其译文具有一定的借鉴意义。

【关键词】经验纯理功能；及物性；《敕勒歌》；英译文本

引言

《敕勒歌》为南北朝时北朝流传的一首民歌。关于其作者，目前主要认为是斛律金、斛律金之子斛律光、高欢，或为民间集体创作，张廷银（2005：52）认为，把它视作集体作品是更接近史实的观点。诗歌开头句"敕勒川，阴山下"，交代敕勒川位于高耸云霄的阴山脚下，将草原的背景衬托得十分雄伟。接着一句"天似穹庐，笼盖四野"，用"穹庐"作比喻，把天空比作蒙古包，盖住了草原的四面八方，以此来形容极目远望，天野相接，无比壮阔的景象。最后部分"天苍苍，野茫茫，风吹草低见牛羊"，描绘了一幅水草丰盛、牛羊肥壮的草原全景图。有静有动，有

[①] 程华明（1977— ），副教授、硕士，主要从事对比语言学与翻译研究。邮箱：kylechm@126.com

形象，有色彩。有关此诗的英译研究目前未见。本文将从韩礼德（Halliday，2004）的系统功能语言学角度出发，对这首诗的 9 种译本进行经验纯理功能分析。

一、《敕勒歌》原文的经验纯理功能分析

经验纯理功能由多个语义系统构成，其中最重要的是及物性（transitivity）系统。它的作用是把人们对现实世界和内心世界的经验用若干个过程（process）表达出来，并指明过程所涉及的参与者（participant）和环境成分（circumstantial element）（黄国文，2002：1）。韩礼德认为，人们可以通过及物性系统把人类的经验分成 6 种不同的过程：（1）物质过程（material process）；（2）心理过程（mental process）；（3）关系过程（relational process）；（4）行为过程（behavioral process）；（5）言语过程（verbal process）；（6）存在过程（existential process）（胡壮麟等，2008：75）。从经验功能的及物性角度看，《敕勒歌》一共由以下几种过程组成，即：

（1）关系过程：敕勒川，阴山下。
（2）关系过程 / 物质过程：天似穹庐，笼盖四野。
（3）关系过程 / 关系过程：天苍苍，野茫茫。
（4）物质过程 / 物质过程 / 物质过程：风吹草低见牛羊。

句（1）为关系过程，"敕勒川"是载体，"阴山下"是属性。句（2）包括一个关系过程，一个物质过程，"天"是载体，"似"是过程，"穹庐"为属性；"笼盖"是过程，"四野"为范围。句（3）包括两个关系过程，"天""野"是载体，"苍苍""茫茫"是属性。句（4）包括三个物质过程，"风"是动作者，"吹"是过程，"草"为目标，"低""见"也是过程，"牛羊"是目标。

二、《敕勒歌》译本的经验纯理功能分析

关于《敕勒歌》一诗的英译文本，我们共搜集到 9 种（见附录）。为了方便叙述，下面分别以 Waley 译（王恩保、王约西，1994：513）、卓振英译（卓振英，1996：74）、万王译（朱丽云编撰，万昌盛、王僴中译，2000：8）、许渊冲译（袁行霈主编，许渊冲英译，徐放、韩珊今译，2006：293）、汪榕培译（汪榕培，2008：285）、刘国善译（刘国善等，2009：60）、李正栓译（李正栓、韩志华，2013：281）、朱曼华译（朱

曼华，2013：25）、刘忠译（刘忠，2015：9）代表这9种译本。为了便于比较，下文将逐句进行分析。

（一）"敕勒川，阴山下"英译

表1："敕勒川，阴山下"英译分析

版本	过程	参与者	环境成分
Waley译	关系过程：lies	载体：Chile River 属性：under the Dark Mountains	
卓振英译	关系过程：does lie	载体：the Chile Plain 属性：at th' foot of Mounts Yinshan	
万王译			空间：beneath the vault of sky, under the Yin Mountains
许渊冲译			空间：at the foot of the hill, by the side of the rill
汪榕培译	关系过程：lies	载体：the Chile River 属性：where Gloomy Mountains rise	
刘国善译	物质过程：bordering	动作者：this stretching Steppe of ours, of the Tiele tribes 范围：the mountainsides	空间：'neath the Shady Mountains
李正栓译			空间：on Chile's land and river, afore the Yinshan Mountains
朱曼华译	物质过程：meanders to run	动作者：the Chille River	空间：at the foot of Cloudy-Mountain
刘忠译	关系过程：does lie	载体：the Prairie Chile 属性：at the foot of Mountain Yinshan	

现在分析第一句"敕勒川，阴山下"。我们将从过程类型、参与者与环境成分

三个方面讨论各种译文。原诗为关系过程，但未出现过程动词。Waley 译、卓振英译、汪榕培译、刘忠译是关系过程，过程动词为"lies"或"does lie"，载体分别为"Chile River""the Chile Plain""the Chile River""the Prairie Chile"。翻译"敕勒川"，Waley 译与汪榕培译相似，Waley 译缺少定冠词"the"，两者理解为"河流"，朱曼华译也是如此，与原诗不符；卓振英译与刘忠译较好，理解为"草原"。此 4 种译文的属性分别为"under the Dark Mountains""at th' foot of Mounts Yinshan""where Gloomy Mountains rise""at the foot of Mountain Yinshan"。翻译"阴山下"，因阴山为中国内蒙古自治区中部山脉，可译为"the Yinshan Mountains"。万王译、许渊冲译与李正栓译为表示空间概念的环境成分，分别为"beneath the vault of sky, under the Yin Mountains""at the foot of the hill, by the side of the rill""on Chile's land and river, afore the Yinshan Mountains"。朱曼华译为物质过程"meanders to run"，动作者是"the Chille River"，"at the foot of Cloudy-Mountain"是表示空间概念的环境成分。刘国善译也为物质过程，过程是"bordering"，动作者为"this stretching Steppe of ours, of the Tiele tribes"，"the mountainsides"表示范围，"'neath the Shady Mountains"是表示空间概念的环境成分。通过对比分析，此句可译为"The Chile Plain lies at the foot of (beneath) the Yinshan Mountains"。

（二）"天似穹庐，笼盖四野"英译

表 2 "天似穹庐，笼盖四野"英译分析

版本	过程	参与者	环境成分
Waley译	关系过程：is 物质过程：stretched	载体：the sky 属性：like the sides of a tent	空间：where 空间：down over the Great Steppe
卓振英译	物质过程：is shielding	动作者：the enormous yurt-like sky 范围：the world	
万王译	物质过程：spread	动作者：the extents of Chile plains	空间：far and wide
许渊冲译	物质过程：stretches	动作者：the grassland	空间：'neath the firmament tranquil

（续表）

版本	过程	参与者	环境成分
汪榕培译	关系过程：is 物质过程：holds	载体：the sky 属性：like a dome 动作者：that 范围：the steppe, our home	
刘国善译	物质过程：spread	动作者：the firmament	空间：around 比较：like a tent with its dome to over-roof the vast expanse that we roam
李正栓译	关系过程：looks 物质过程：covering	载体：the sky 属性：like a yurt 动作者：that 范围：fields	空间：from each corner
朱曼华译	关系过程：looks 物质过程：covering	载体：the heaven 属性：like a big dome 范围：the green prairie home	
刘忠译	物质过程：is covered by	动作者：the enormous yurt-like sky 范围：the globe	

现在分析第二句"天似穹庐，笼盖四野"。原诗包括两个过程：一个是关系过程，一个是物质过程。Waley 译、汪榕培译、李正栓译、朱曼华译与原诗过程相同。Waley 译的关系过程是"is"，载体为"the sky"，属性为"like the sides of a tent"；物质过程是"stretched"，动作者承前省略；"down over the Great Steppe"是表示空间概念的环境成分，另外，句首的"Where"是承前句的，也表示空间概念。汪榕培译的关系过程是"is"，载体为"the sky"，属性为"like a dome"；其物质过程是"holds"，动作者为"that"，指前文的"the sky"，范围为"the steppe, our home"。李正栓译与朱曼华译的关系过程相同，是"looks"，载体分别为"the sky""the heaven"，属性分别为"like a yurt""like a big dome"；两种译文的物质过程也相同，为"covering"，李正栓译的动作者为"that"，朱曼华译的动作者承前省略，范围分别为"fields""the green prairie home"。李正栓译另有表示空间概念的环境成分"from each corner"。

卓振英译、万王译、许渊冲译、刘国善译、刘忠译为一个物质过程。卓振英译的物质过程为"is shielding",动作者是"the enormous yurt-like sky",范围是"the world"。万王译与刘国善译的物质过程相同,为"spread",动作者分别为"the extents of Chile plains""the firmament",表示空间概念的环境成分分别是"far and wide""around"。刘国善译另有表示比较概念的环境成分"like a tent with its dome to over-roof the vast expanse that we roam"。这其中又包含两个物质过程,其一为"over-roof",范围是"the vast expanse",其二为"roam","we"是动作者。许渊冲译的物质过程为"stretches",动作者是"the grassland","'neath the firmament tranquil"是表示空间概念的环境成分。万王译、许渊冲译都没有翻译出"天似穹庐"部分。刘忠译的物质过程为"is covered by",动作者是"the enormous yurt-like sky",与卓振英译的动作者相同,范围是"the globe"。结合各家翻译,此句可译为"The firmament (sky) is like an enormous (huge) yurt, shielding (covering) a vast expanse of steppe"。

(三)"天苍苍,野茫茫"英译

表3 "天苍苍,野茫茫"英译分析

版本	过程	参与者	环境成分
Waley译	关系过程:is	载体:the sky 属性:grey, grey 载体:the steppe 属性:wide, wide	
卓振英译			空间:on the prairie vast, under th' azure clear
万王译			空间:beneath the heaven blue, o'er the vast country below
许渊冲译	关系过程:lies	载体:the boundless grassland 属性:beneath the boundless skies	
汪榕培译	关系过程:appear 关系过程:lies	载体:the skies 属性:blue, blue 载体:the grassland 属性:vast, vast	

(续表)

版本	过程	参与者	环境成分
刘国善译	关系过程： 关系过程：	载体：the skies 属性：azure, azure 载体：the Steppes 属性：immense, immense	
李正栓译	关系过程：is 关系过程：does lie	载体：the sky 属性：blue and high 载体：the field 属性：lush and vast	
朱曼华译	关系过程：is 物质过程：going through	载体：the lofty sky 属性：deeply vast in blue 动作者：the wide wildness 目标：	
刘忠译			空间：under the azure sky and on the prairie wide

下面分析第三句"天苍苍，野茫茫"的9种英译文。此句原文是两个关系过程。Waley译、汪榕培译、刘国善译与李正栓译为两个关系过程，与原诗过程相同。Waley译的第一个关系过程为"is"，载体是"the sky"，属性为"grey, grey"；另一个关系过程承前省略，载体是"the steppe"，属性为"wide, wide"。汪榕培译的第一关系过程为"appear"，载体为"the skies"，属性为"blue, blue"；第二个关系过程为"lies"，载体为"the grassland"，属性为"vast, vast"。刘国善译的两个关系过程的动词未出现，第一个关系过程的载体是"the skies"，属性为"azure, azure"，第二个关系过程的载体是"the Steppes"，属性为"immense, immense"。李正栓译的第一个关系过程是"is"，载体为"the sky"，属性"blue and high"；第二个关系过程是"does lie"，载体为"the field"，属性为"lush and vast"。许渊冲译是一个关系过程，过程动词为"lies"，载体是"the boundless grassland"，属性为"beneath the boundless skies"。朱曼华译为一个关系过程与一个物质过程，关系过程为"is"，载体是"the lofty sky"，属性为"deeply vast in blue"，物质过程为"going through"，动作者是"the wide wildness"。卓振英译、万王译与刘忠译为表示空间概念的环境成分，分别为"on the prairie vast, under th' azure clear""beneath the heaven blue, o'er the vast country below""under the azure sky and on the prairie wide"。卓振英译与刘忠译有些相似，只是语序有所不同。综合而言，此句可译为"The sky is blue, and the grassland is boundless"。

（四）"风吹草低见牛羊"英译

表 4 "风吹草低见牛羊"英译分析

译文	过程	参与者	环境成分
Waley译	物质过程：has battered 物质过程：roam	动作者：the wind 动作者：sheep and oxen	空间：over grass 方式：low
卓振英译	物质过程：sweeps past 物质过程：stoops 物质过程：appear	动作者：the wind 动作者：the grass 动作者：flocks and herds	方式：low
万王译	物质过程：discloses	动作者：a passing wind 目标：the herds	空间：amid the grasses low
许渊冲译	物质过程：blow 物质过程：bends 物质过程：will emerge	动作者：the winds 动作者：grass 动作者：my sheep and cattle	方式：low 空间：before your eyes
汪榕培译	物质过程：blow 物质过程：bows 心理过程：see	动作者：winds 动作者：grass 感知者：we 现象：the cattle roam	
刘国善译	心理过程：'re seen	现象：our grazing cattle and sheep	空间：where grass is battered low by the breeze, there
李正栓译	物质过程：pressing 物质过程：are revealed	动作者：wind 目标：the grass 目标：cattle and sheep	方式：low 空间：to the human eye
朱曼华译	物质过程：forcing 物质过程：to lower 心理过程：can be seen	动作者：the wind 目标：grass 现象：the sheep and cattle	时间：oftcn 方式：easily
刘忠译	关系过程：have	载体：sheep and cattle 属性：no place to hide	方式：with grasses blown low by the winds

最后分析第四句"风吹草低见牛羊"的译文。此句原文包括三个过程。卓振英译与许渊冲译为三个过程,三个过程翻译三个动作"吹""低""见"。卓振英译的第一个物质过程为"sweeps past",动作者为"the wind";第二个物质过程为"stoops",动作者为"the grass",另有表示方式概念的环境成分"low";第三个物质过程为"appear",动作者为"flocks and herds"。许渊冲译的第一个物质过程是"blow",动作者为"the winds";第二个物质过程是"bends",动作者为"grass",另有表示方式概念的环境成分"low";第三个物质过程是"will emerge",动作者为"my sheep and cattle","before your eyes"是表示空间概念的环境成分。

汪榕培译与朱曼华译为两个物质过程与一个心理过程。汪榕培译的两个物质过程是"blow""bows",动作者分别为"winds""grass";心理过程是"see",感知者为"we",现象为"the cattle roam"。朱曼华译的两个物质过程是"forcing""to lower",动作者为"the wind",目标为"grass","often"是表示时间概念的环境成分;心理过程是"can be seen",现象为"the sheep and cattle","easily"是表示方式概念的环境成分。Waley译与李正栓译为两个物质过程。Waley译的第一个物质过程是"has battered",动作者为"the wind",另有表示空间与方式概念的环境成分"over grass""low";第二个物质过程是"roam",动作者为"sheep and oxen"。李正栓译的第一物质过程是"pressing",动作者为"wind",目标为"the grass","low"是表示方式概念的环境成分;第二个物质过程是"are revealed",目标为"cattle and sheep","to the human eye"是表示空间概念的环境成分。万王译为一个物质过程,过程动词为"discloses",动作者是"a passing wind",目标为"the herds","amid the grasses low"是表示空间概念的环境成分。刘国善译为一个心理过程"'re seen",现象为"our grazing cattle and sheep","where grass is battered low by the breeze, there"是表示空间概念的环境成分,其中包含一个物质过程"is battered low by",动作者是"the breeze",目标是"grass"。刘忠译为一个关系过程,过程动词是"have",载体为"sheep and cattle",属性为"no place to hide","with grasses blown low by the winds"是表示方式概念的环境成分。考虑汉语较多动词,此句可译为"With winds blowing, flocks and herds appear when the grass bends low"。

(五)"敕勒歌"英译

表5 "敕勒歌"英译分析

版本	译文
Waley译	CHILE SONG
卓振英译	Song of the Chile
万王译	Song of Chile
许渊冲译	A SHEPHERD'S SONG
汪榕培译	The Chile Song
刘国善译	Steppe of Us Tiele Tribes
李正栓译	Ode to Chile
朱曼华译	The Chille-River's Song
刘忠译	Song of Prairie Chile

诗歌的标题"敕勒歌"各家翻译如上。"敕勒"为地名，多数翻译为拼音转写，如Waley译、卓振英译、万王译、汪榕培译、李正栓译。刘忠译增加了"Prairie"，指出其为草原。许渊冲译为"SHEPHERD'S SONG"，没有译出"敕勒"，而是意译为"牧羊人之歌"。刘国善译为"Tiele Tribes"，其前还加了"Steppe of Us"。刘国善等（2009:60）在评注中解释为"敕勒部族，又名'铁勒'族，为避免音译成Chile（智利）"。朱曼华译将"敕勒"译为"The Chille-River"，认为是一条河。另外，"Chille"可能是拼误。此处"川"指平川、平原。它是敕勒族居住的地方，位于山西、内蒙一带。北魏时期人们将现在的河套平原至土默川一带称为"敕勒川"。因此，朱曼华译有误。汉语地名加"the"有卓振英译、汪榕培译与朱曼华译。对于"歌"的英译，除刘国善译没有译出外，李正栓译为"Ode"，其他全部翻译为"Song"。综合而言，卓振英译的标题较好，故可译为"Song of the Chile"。

结语

本文以韩礼德系统功能语言学的经验纯理功能为理论依据,对《敕勒歌》一诗及其9种英译版本作了对比分析与探讨。从功能语言学和语篇分析的角度去解读和分析汉诗的英译,这种做法是否可取,值得探讨(黄国文,2007:179)。通过经验纯理功能的及物性系统分析,对原诗及其翻译作品进行语言探讨,可以深刻地描述原诗与译本的及物性,以及各种过程有关的参与者和环境成分之间的异同,这将有利于更加准确地把握和翻译原诗,并有效地提高译作水平。现综合各家的译文,考虑押韵,修改部分词语,重新调整部分语序,试译全诗如下:// Song of the Chile // / The Chile Plain lies beneath the Yinshan Mountains. / The sky is like a huge yurt, covering a vast expanse of plains. / The sky is blue, and boundless the grassland below. / With winds blowing, flocks and herds appear when the grass bends low。由于笔者的翻译研究水平有限,在此也无意对名家的译作评头品足,只是希望从系统功能语言学角度探讨古诗英译问题。

附录:《敕勒歌》的9种英文译本

Arthur Waley 译: // CHILE SONG // / Chile River / Lies under the Dark Mountains, / Where the sky is like the sides of a tent / Stretched down over the Great Steppe. / The sky is grey, grey / And the steppe wide, wide. / Over grass that the wind has battered low / Sheep and oxen roam.(王恩保、王约西,1994:513)

卓振英译: // Song of the Chile // / At th' foot of Mounts Yinshan the Chile Plain does lie; / Shielding the world is the enormous yurt-like sky. / On the prairie vast, / Under th' azure clear, / When the wind sweeps past, / The grass stoops low, and flocks and herds appear.(卓振英,1996:74)

万昌盛、王僴中译: // Song of Chile // / Folk Song (Northern Dynasties) / Beneath the vault of sky, under the Yin Mountains, / Far and wide spread the extents of Chile plains. / Beneath the heaven blue, o'er the vast country below, / A passing wind discloses the herds amid the grasses low.(朱丽云编撰,万昌盛、王僴中译,2000:8)

许渊冲译: // A SHEPHERD'S SONG // / Anonymous / At the foot of the hill, / By the side of the rill, / The grassland stretches 'neath the firmament tranquil. / The boundless grassland lies / Beneath the boundless skies. / When the winds blow / And grass bends low, / My sheep and cattle will emerge before your eyes.（袁行霈主编，许渊冲英译，徐放、韩珊今译，2006：293）

汪榕培译：// The Chile Song // / The Chile River lies / Where Gloomy Mountains rise. / The sky is like a dome / That holds the steppe, our home. / Blue, blue appear the skies; / Vast, vast the grassland lies. / Winds blow, grass bows and we see the cattle roam.（汪榕培，2008：285）

刘国善译：// Steppe of Us Tiele Tribes // / This stretching Steppe of ours, of the Tiele tribes, / 'Neath the Shady Mountains, bordering the mountainsides. / The firmament spread around like a tent with its dome / To over-roof the vast expanse that we roam. / O azure, azure the skies. / Immense, immense the Steppes. / Where grass is battered low by the breeze, / There're seen our grazing cattle and sheep.（刘国善等，2009：60）

李正栓译：// Ode to Chile // / By Hulü Jin / On Chile's land and river, / Afore the Yinshan Mountains, / The sky looks like a yurt, / Covering fields from each corner. / Blue and high is the sky; / Lush and vast does the field lie. / Wind pressing the grass low, / cattle and sheep are revealed to the human eye.（李正栓、韩志华，2013：281）

朱曼华译：// The Chille-River's Song // / Hulǚ Jin (488~567) / It's at the foot of Cloudy-Mountain, / The Chille River meanders to run. / The heaven looks like a big dome, / Covering the green prairie home. / The lofty sky is deeply vast in blue, / The wide wildness going through, / The wind forcing grass to lower often, / The sheep and cattle can be easily seen.（朱曼华，2013：25）

刘忠译：// Song of Prairie Chile // / Folk song of the Northern Dynasty / At the foot of Mountain Yinshan does the Prairie Chile lie, / The globe is covered by the enormous yurt-like sky. / Under the azure sky and on the prairie wide, / With grasses blown low by the winds sheep and cattle have no place to hide.（刘忠，2015：9）

注释：

①为了节省篇幅，英译文各行用"/"线隔开，标题则用"//"隔开。

②朱曼华译的第一句"It's at the foot of Cloudy-Mountain, The Chille River meanders to run."文法有误，"It's"应该是多余的。

【参考文献】

[1] Halliday, M. A. K. & Matthiessen M. I. M.. *An Introduction to Functional Grammar (3rd edition)* [M]. London: Hodder Arnold, 2004.

［2］胡壮麟，朱永生，张德禄，李战子．系统功能语言学概论［M］．北京：北京大学出版社，2008．

［3］黄国文．翻译研究的语言学探索［M］．上海：上海外语教育出版社，2007．

［4］黄国文．功能语言学分析对翻译研究的启示——《清明》英译文的经验功能分析［J］．外语与外语教学，2002（5）：1-6+11．

［5］李正栓，韩志华．乐府诗选：汉英对照［M］．长沙：湖南人民出版社，2013．

［6］刘国善等．历代诗词曲英译赏析［M］．北京：外文出版社，2009．

［7］刘忠．中文经典诗歌英译一百首［M］．南昌：江西高校出版社，2015．

［8］汪榕培．英译乐府诗精华：汉英对照［M］．上海：上海外语教育出版社，2008．

［9］王恩保，王约西．古诗百首英译［M］．北京：北京语言学院，1994．

［10］袁行霈主编．许渊冲英译．徐放，韩珊今译．新编千家诗（汉英对照）［M］．北京：中华书局，2006．

［11］张廷银．北朝乐府《敕勒歌》研究综述［J］．烟台师范学院学报（哲学社会科学版），2005（1）：51-56．

［12］朱丽云编撰，万昌盛、王僴中翻译．中国古诗一百首（汉英对照插图本）［M］．郑州：大象出版社，2000．

［13］朱曼华．中国历代诗词英译集锦［M］．北京：商务印书馆国际有限公司，2013．

［14］卓振英．华夏情怀——历代名诗英译及探微［M］．广州：中山大学出版社，1996．

A Comparative Study of a Ballad "Chile Ge" and Its English Versions from the Perspective of Experiential Metafunction

Guangzhou College of Commerce *Cheng Huaming*

Abstract: This paper attempts to analyze and compare transitivity processes of "Chile Ge" and its nine English versions from the perspective of experiential function of Halliday's Systemic-functional linguistics and makes a comment on the similarities and differences between them. Through the analysis of the transitivity of the poem and its translations, we find that there are 4 versions for the first, second and third lines, and 2 versions for the fourth line, in which the transitivity maintains a consistency with the original poem. This study can give clues to the study of poems and their translations of the transitivity processes, by exploring the differences of participants and circumstantial elements with the theoretical framework of Functional Grammar.

Key Words: experiential metafunction; transitivity; "Chile Ge"; English versions

藏族人名、地名英译规范探析

西藏大学旅游与外语学院 谭益兰[①]

【摘 要】长期以来,藏族人名、地名汉译存在不统一的难题。由于缺乏藏族人名、地名英译标准,笔者查阅文献发现:藏族人名、地名英译也没有规范统一的标准,人名、地名英译不统一不规范。本文从藏族人名、地名命名规则出发,提出两大翻译原则,即突出藏民族特色,名从主人、约定俗成原则和遵循信、达、雅原则,进而提出规范其翻译的两大方法即音译法、音译加注或音译加通用名英译。本文希望引起西藏自治区语委等相关部门重视,牵头制定人名、地名英译西藏地方标准甚至国家标准,指导藏族典籍、旅游外宣、公共政策外宣等涉藏文本中的人名、地名翻译。

【关键词】西藏;人名;地名;英译

引言

在人际交往中,通常以互通姓名开始。姓名是世界各个民族共有的文化现象,如汉族"重姓轻名""夫妻保留各自姓氏",英语国家"重名轻姓""妇随夫姓"等。汉族人名姓在前,名在后;英语人名,名在前,姓在后,其名通常由两部分组成,教名在前,中间名、姓氏紧随其后。据藏族历史学家恰白·次旦平措藏族查证:藏族古代有姓氏,佛教传入西藏后,佛教认为众生皆可成佛,不限姓氏种族,受此影响,姓氏使用逐步衰落,在一些地方甚至消亡。现在藏族人名普遍有名、无姓。藏族人名有四个字、三个字、两个字的,但人名通常由四个字构成,如巴桑次仁、尼

[①] 谭益兰(1979—),副教授、硕士研究生导师,研究方向为藏汉英三语翻译。邮箱:121301228@qq.com

玛扎西、仁欠卓玛、格桑达娃、洛桑旺秋、益西旦增、次仁桑珠等。日常生活中，人们常常取前两个字、后两个字或取第一个和第三个字，简称成两个字，分别为巴桑、扎西、卓玛、格桑、旺秋、益旦、次桑。从世界范围看，姓氏作为确定阶级地位的标记，印度的种姓制度就是典型代表，其等级界限森严（韩仲翔、韩一舟，2005:2）。西藏一部分贵族后裔仍保留姓氏，如阿沛·阿旺晋美、强俄巴·次央等。

西藏地名、人名独具藏族文化特色，其命名方式深受藏族历史、地理、天文历算、生活环境、风俗习惯、宗教信仰等多种因素的影响，折射出丰富多彩的民俗文化。目前，这两类专有名词的中文翻译非常不统一，给广大藏学研究中文学者、读者书面交流带来诸多不便。

讲好中国故事，讲好西藏故事，将拉萨建成世界旅游城市、西藏建成世界旅游目的地，这些愿景目标的实现，均急需规范、标准、统一的西藏地名、人名英译。目前，东南亚及西方国家的人名、地名上已有规范的名称词典，方便了人名、地名的规范翻译（新华通讯社译名室编著，2007:上）。国内也有出版少数民族人名、地名相关的词典，如2004年，陈观胜、安才旦主编的《常见人名地名汉藏英三语词典》（陈观胜、安才旦，2004），这是笔者查阅到的国内第一本涉藏人名、地名词典，词典以藏语人名、地名的汉语词条编排。词典并未规范翻译，只是从文献中归纳、收集、整理译名，未对藏族人名、地名的汉译、英译进行规范统一，词条中很多地名或人名有多个汉语译文。此外，英语译文主要以音译为主，如该词典根据藏语名"po ta la"（布达拉宫），建议英译为"the Potala"，笔者认为不妥，应按照《公共服务领域英语译写》国家标准将场所设施功能"宫殿"翻译出来，即"the Potala Palace"。

截至本文完成时，仍没有出台西藏人名、地名英译规范的地方标准或国家标准。

一、藏族人名、地名命名规则

（一）人名命名规则

藏族姓氏最初源自部落名、氏族名、地名（或祖籍地名）、庄园名、赐封、官名等。《中国少数民族姓氏》一书罗列藏族姓氏有1933个，据该书估计，我国近代藏姓至少有5000个。藏族也有使用汉姓的，尤其是在甘肃、青海、四川等藏区。如古代统治者赐汉姓，甘肃卓尼一带的杨土司就是1516年明世宗赐姓"杨"的，其境内百姓亦随其姓。甘、青、川等地藏区藏族长期与汉族等其他民族杂居，也有借用汉族姓氏的情况（杜若甫，2011:514–515）。如笔者所在学校的藏族同事，当年读小学班主任姓高，班上藏族同学根据班主任姓氏借用汉姓高。

藏族姓氏不如汉族姓氏稳定，一些地区姓氏会随迁居、升官、新庄园建成等发生改变。民主改革前，贵族姓氏连同其庄园与官职，只传给一个儿子或女儿；现在，贵族和平民百姓一样，姓氏会传给每一个子女。日常交往中，一般只称名字，不加姓氏；只有正式场合才加上姓氏。一些古代姓氏长时间不用或已废弃。以前贵族、商人一般都有姓，藏族普通百姓很少使用姓氏。一般姓氏都放在名字的前面，如阿沛·阿旺晋美，"阿沛"是姓，取自庄园名。藏族人名命名规则如下：

第一，根据出生时间如星期或日期取名。藏族常常根据孩子出生的星期不同命名，按照星期日到星期五分别取名为"ngi ma"（尼玛，周日）、"sla wa"（达瓦，周一）、"mig dmar"（米玛，周二）、"lha ba"（拉巴，周三）、"phur bu"（普布，周四）、"ba sangs"（巴桑，周五）、"spen pa"（边巴，周六）。15号和3号出生的孩子，一些父母会取名为"bco lnga"（觉安，15号）；"tshe gsum"（次松，3号）。除夕出生的孩子会取名为"gnam gang"（朗康，除夕）。新生儿取名，若是给幼儿死亡后再出生的婴儿取名，名字后面一般加"thar"（塔），比如"sri thar"，汉语音译"斯塔"（银巴，2016：351–352）。

第二，一些人名还冠以出生地。如一些名人会用出生地命名，如宗喀巴大师俗名"罗桑扎巴"，成名后的新名以其家乡"宗喀"（藏文"rdzong kha"）加一个表示人的藏文后缀"pa"表示，藏文意思是"来自宗喀的人"。来自"宗喀"这个地方的人很多，因为宗喀巴是当地名人，用"rdzong kha pa"特指这个"罗桑扎巴"。现在，很少有人知道宗喀巴大师的俗名，大多只记住了其成名后的新名"宗喀巴"。此命名法在西藏很流行，主要用于一些重要或著名人物的别称。还有出生地是亚东的"普布次仁"，为了跟单位其他同名的同事区分，有时会冠以"亚"即"亚·普布次仁"。

第三，以出生地所在不同派别的寺庙活佛、高僧的名字命名。格鲁派活佛常给人取名"ye shis"（益西）、"bsten vdzin"（丹增）、"rgya mtsho"（加措）；宁玛派取名通常为"pad ma"（万玛）、"dbel ma"（白玛）、"dwu rgyen"（吴坚）；噶玛派取名常含"bka rgyun"（噶举）；萨迦派取名多为"dkon cog"（贡觉）、"rgyal mchan"（坚参）、"mchi mig"（其美）、"chos rgyal"（法王）。

第四，取名表达父母的一些心愿，如喜欢取美雅吉祥的名字，如"bde skyid"（德吉，幸福）、"sgrol ma"（卓玛，美女）、"me tog"（梅朵，花儿）、"tse ring"（次仁，长寿）。也有跟汉地一样的做法，给孩子取一个特别不雅的名字，希望孩子健康成长。有时，父母为了表示生完这个孩子再不生了，给最小的孩子取名"mtshums gcod"（仓决）、"chung da"（琼达）。

一些人名前还常加寺庙名、教派、职位、尊称、官职、封号、学位、绰号等，以间隔号与名字隔开。

（二）地名命名规则

国标 GB17733-2008 对"地名"定义是"人们对各个地理实体赋予的专有名称"，将地名分为自然地理实体地名和人文地理实体地名。自然地理实体地名包括海域、水系、地形地名三类；人文地理实体地名包括居民地地名（如街巷、门牌号等），行政区域地名，专业区地名（如工业区、边贸区等），设施地名，纪念地和旅游地地名（中华人民共和国国家标准 地名标志 GB17733-2008，2008）。地名是人们在长期生活实践中创造性的产物。它一般根据地理或历史背景，说明地理现象、纪念历史事件或表示以人们的愿望命名，如山西"娘子关"最早为唐太宗李世民胞姐平阳公主所筑，平阳公主曾率兵驻守，其部队当时人称"娘子军"，故得此名。

二、藏族人名、地名英译原则

（一）突出藏民族特色，遵循名从主人、约定俗成原则

"名从主人"要求以人名、地名所在国家、民族的原名或其通用的拉丁字母拼写法为翻译标准。为了更好地立足藏区，放眼世界，传播藏文化，对于富含藏文化特色的宗教人物和历史名人、景区名，地名标志应符合国标 GB 17733-2008 的规定，少数民族地名汉语拼写按照《少数民族语地名汉语拼音字母音译转写法》，即音译按照藏语发音拉丁字母转写，人名、地名专有名词部分英文音译也应按其藏文拉丁转写。

《公共服务领域英文译写规范》（GB/T 30240）国家标准规定，"人文地理实体地名如各级行政区划、街道、功能设施等地名翻译，须加上通用名意译"，以求信息对等传递，方便译文读者解读这类专有名词，如"nor bu ling ka"（罗布林卡）按音译加通用名意译成"Norbulingka Park"，"gnamtso"（纳木措），"dmar bo ri"（红山）依此译成"Namtso Lake""Red Hill"。

人名、地名翻译，首先要遵循名从主人、约定俗成原则，即原有已被大众接受的、约定俗成的译文要优先使用。"名从主人"是指人名、地名应按该人、该地所属的国家（民族）的读法来译，"约定俗成"，则是指有许多人名地名虽然并没有按"名从主人"的原则译，但长期以来已经为大家所接受、所公认，因而不必也不宜再改，否则只能引起混乱（林宝煊，1998：78）。如西藏历史文化人名"宗喀巴大师""藏王松赞干布""格萨尔王"等，应根据藏文拉丁转写音译为"Master Tsong khaba""King Songtsen Gampo""King Gesar"。

但要注意的是，在提高我国国际传播能力背景下，一些涉藏翻译不能直接照搬西方盛行的英语，如"jo mo glang ma"，珠穆朗玛峰，英译不能用 Mt. Everest，因为这是以印度测绘局前英国局长（Everest）的名字命名，带有很强的帝国主义色彩。1952年，我国已正式将其命名为圣母峰或珠穆朗玛峰，应采用我国外交部或中宣部的统一译文，英译成"Mount（Mt.）Qomolangma"（向红笳，2019：63-70）。

借用汉姓、汉名的藏族人名，按2011年10月31日颁布"中国人名汉语拼音字母拼写规则"，姓在前、名在后；拼写同时遵循2012年6月29日颁布的"汉语拼音正词法基本规则"，即姓氏全部大写，名的第一个音节的第一个字母大写，其余小写。若藏族人取汉语名字，如王金芳、高定国、刘福萍、杨洪，根据汉语名字分别音译为 WANG Jinfang、GAO Dingguo、LIU Fuping、YANG Hong。

此外，对于藏文化中源自古印度的历史人名，应遵从名从主人，查出梵语名字翻译，如：大乘佛教中观宗学派创始人龙树大师，藏文"klu sgrub"，应根据梵文英译为"Master Nagajuna"；大乘佛教著名论师、古印度佛教诗人马鸣大师，藏文"slob dpon dpav bo"，根据梵文应英译为"Master Asvaghosa"；藏传佛教宁玛派祖师莲花生大师，藏文"slob dpon pdam vwyung gnas"，根据梵文应英译为"Master/Guru Padmasambhava"。

（二）遵循信、达、雅原则

人名、地名翻译还必须遵循"信"的原则，因为专有名词具有独特的内涵，一般指向相对固定或特定的对象。用词固定统一，尽量避免地名、人名多种译文不统一的现象，确保译文"一地一名、一人一名"。遵循"达"的翻译原则，人名、地名应根据藏文发音用拉丁文转写，尽量保留原文藏文的"音似"，如地名"lha sa"根据藏文发音译为"Lhasa"（拉萨），"bod ljongs"译为"Tibet"（西藏）。考虑到"雅"的原则，人名"chung da"最好译为"琼达"而非"穷达"，英语不应根据汉语译文发音译为"Qiongda"，而应根据该名藏文发音用拉丁文转写译为"Chung da"。

二、藏族人名、地名英译具体方法

（一）音译法

藏族人名翻译首先要保证声音的最大相似，宜采用音译法，具体操作人名按藏文发音用拉丁文转写再音译，如"bsang po"（桑布）、"skal bsang"（格桑）、"bgra shis"（扎西）、"bsten vdzin"（丹增）分别根据藏语发音用拉丁文转写，音译成英语分别是 Sangbu、Gesang、Zhashi、Denzen。

（二）音译加注或音译加通用名英译

一些涉藏历史人名或文化人名音译名字部分，还应翻译其身份、职务等头衔，如吐蕃历代藏王，应在其名字前加"King"。宗教领袖"ngag dwang blobsang rgya"（五世达赖喇嘛阿旺·罗桑加措）、"a ti sha"（阿底峡尊者）分别译为"The fifth Dalai Lama Nagwang Lozang Gyatso""The Venerable Atisha"，藏族文学作品人物"akhu bstan pa"（阿古·顿巴），因为藏文"akhu"是"叔叔"之意，该部分在原文有意义，但已经内化成人名的一部分，汉语译文音译为"阿古"，英文翻译宜再译出来，为"Uncle Aku Tenpa"。

西藏行政区划地名、河流名、山脉名、街道名、景区名等，大多由专名和通名两部分组成，专有名词部分采用音译翻译即藏文拉丁转写，通用名词部分如省、县、乡、局、村、组以及其他场所通用名应采用意译，如"sa skya dgon pa"（萨迦寺），专有名"sa skya"（萨迦）应根据藏文音译为"sakya"，通用名"dgon pa"（寺）意译为"Monastery"，合译成"Sakya Monastery"。依此类推，"sa skya rdzong"（萨迦县）、"vdam gzhung"（当雄县）、"Nying Khri Grong Khyer"（林芝市）、"mngav ris khul"（阿里地区）、"lho ka sa khul"（山南地区）等分别译为："Sakya County""Damxung County""Nyingchi City""Ngari Prefecture""Lhoka Prefecture"。

此外，一些小的地名如街道名翻译也不容小觑。英语国家的街道名通常都比较简单，如英国地名、街道名多数用专名或专名+通名（Street/Road/Avenue），如"The Chanony""ST Peter Street""Clevedon Road"等。目前，我国对地名、街道名的翻译基本上采用音译和意译相结合。以拉萨的"江苏路"为例，"江苏"用拼音"Jiangsu"，"路"用意译，可用"Street"或用缩略形式"St."，可用"Road"或缩略形式"Rd."，也可用"avenue"，合起来为"Jiangsu St./Jiangsu Rd./Jiangsu Ave.（or Av.）"，考虑到规范统一，最终统一选用一种翻译。英语中含有方位词的街道名不多见。若街名由"方位词+专名"或"方位词+通名"两个部分组成，其表达模式为"方位词+专名"或"方位词+通名"，如"North Somerset""West End"。若街名是由方位词、专名、通名（Road/Street/Avenue）三个部分组成，其表达模式为3种：

1. 方位词+专名+通名（Road/Street/Avenue）。如："East Clevedon Road"。

2. 专名 + 通名（Road/Street/Avenue）+ 方位词。如："Park Avenue South"。

3. 专名 + 方位词 + 通名（Road/Street/Avenue）。如："Hubin N. Rd."。

这三种表达模式，第一种英语中比较常见，第二种比较少见，第三种将方位词置于专名/通名与 Road 之间的用法，是一种新兴的表达，该表达是从汉语中移植而来。美国人潘维廉（Dr. William N. Brown）撰写的 *Amoy Magic—Guide to Xiamen*（《魅力厦门》）一书中，厦门街道"湖滨北路"的译文，既有常见的"North Hubin Road"这种表达，也有新兴的"Hubin North Road"这种表达。（潘维廉，2000：203–207）。同理，拉萨的"北京西路"，既可译为"Beijing West Road"，也可译为"West Beijing Road"。

结语

无论是名从主人、约定俗成，还是根据藏文拉丁转写音译加注或通用名英译，都是寻求最大程度传递藏族文化信息。目前，藏族人名、地名英译仍无统一的西藏地方标准和相应的国家标准供参考，急需国家语委、民委、西藏自治区藏语文编译局等机构组织相关专家，审定一套规范标准的藏族人名、地名汉译、英译的三语翻译原则和翻译规范标准，规范藏族人名、地名翻译，更好地讲述中国故事、西藏故事，展示真实、立体、全面的中国西藏，加强我国涉藏国际传播能力构建。

[基金项目] 本文系 2019 年国家社科基金项目一般项目"语言类型学视角下藏汉英三语语序对比研究"（项目编号：19BYY113）阶段性研究成果；西藏大学珠峰学科建设计划"翻译专业硕士高原学科建设"（项目编号：ZF21003100）成果。

【参考文献】

[1] 陈观胜，安才旦主编. 常见藏语人名地名词典汉英藏对照 [M]. 北京：外文出版社，2004.

[2] 杜若甫. 中国少数民族姓氏 [M]. 北京：民族出版社，2011：514-515.

[3] 韩仲翔，韩一舟著. 人名文化 [M]. 呼和浩特：远方出版社，2005：2.

[4] 林宝煊. 谈"名从主人"与"约定俗成"[J]. 外语学刊（黑龙江大学学报），1998（04）：78-81.

[5]（美）潘维廉. 魅力厦门 [M]. 厦门：厦门大学出版社，2000:203-207.

[6] 向红笳. 涉藏翻译的难点与方法 [J]. 民族翻译，2019（1）:63-70.

[7] 银巴. 藏医健康养生指南 [M]. 北京：中国藏学出版社，2016（1）:351-352.

[8] 中华人民共和国国家标准 地名标志（GB17733-2008）[S]. 北京：中国标准出版社，2008.

[9] 张永泰. 应正确翻译少数民族人名、地名 [J]. 语言与翻译，1996（02）:62-63.

A Study on Standard English Translations for Names of Tibetans and Places

School of Tourism and Foreign Languages of Tibet University *Tan Yilan*

Abstract: Chinese names for Tibetans and their places have been varying for quite a long time. Because of lack of standards for English translation of names for Tibetans and the places, their English names are also inconsistent from various resources. The paper first studies the naming rules for Tibetan names and the places and then puts forward two translating principles, finding out sounds of the names from the source language and following Yan Fu's theory of faithfulness, expressiveness and elegance. It also suggests the two standardizing translating methods, i.e., transliteration and transliteration with annotation or transliteration plus English translation of common place names. It urgently needs setting bars for those proper names translation at provincial or even national level. The author hopes that authorities such as Tibetan Language Committee of Tibet Autonomous Region will take the initiative in standardizing above-mentioned Tibetan proper names with joint efforts from relevant governmental offices and finally publish the Tibetan provincial standards or even China's national standards for those proper names in order to provide guidelines for translating above-said names in Tibetan literatures, publicity of tourism, public policies and other related texts.

Keywords: Tibet; names for Tibetans; names for Tibetan places; English translations of names for Tibetans and the places

"基层干部"的英译辨析

浙江水利水电学院 孙玉风[①]

【摘　要】"基层干部"的英译有可探讨的空间,经细查,国内外官方媒体采用"primary-level official""primary-level cadre""official at the community level""official working at primary level""basic-level cadre""cadre at grass-roots level""the grass-roots cadre""cadre at the grassroots level"等不同方式来翻译这一中国特色的术语。诸如"primary-level official"之类的译文较为常见,但似有语焉不详之嫌,未必就是吻合"基层干部"的语义。对应其词义内涵,本文建议可将其翻译为"official at the grassroots level"或"grassroots official""hoi polloi/rank-and-file official/leader",而基层党员干部则可译为"cadre at grass-roots level"或"grassroots/hoi polloi/rank-and-file cadre"。"基层干部"的翻译看似小事一桩,实则关乎政治词语的准确传译进而影响到对外传播的效果,需严肃谨慎对待。

【关键词】"基层";"干部";"基层干部";"基层干部"英译

引言

伴随中国国力向纵深发展,中国、中国表述、中国智慧、中国道路日益引发了国际社会的关注与想象,而"人类命运共同体""一带一路"等类似蕴含中华文化的经典表述更是引发国际社会的浓厚兴趣和热烈的讨论。"读懂中国""学习中

[①] 孙玉风（1979—　），讲师、博士，研究方向为外宣翻译研究、话语分析、政治话语翻译研究。邮箱：sunyufeng91@126.com

国"已成为国际社会诸多国家对中国的共同期盼（赵秋迪，2020）。在中国国力的高度发展的经济背景之下，国家也在同步发展文化"软实力"，加大对外宣传工作的力度和广度。一方面，外宣工作期待能有效消除现有的一些不恰当表述带来的不良后果，另一方面，期待主动为国际社会的发展贡献中国力量。在中国文化"走出去"的大背景下，政治话语对外传播的路径日渐拓宽，国家对外政治话语体系也正在逐步形成与发展。各种政治术语的中国表述、蕴含中国共产党治国理念的中国特色词语竞相亮相国内外各大媒体报道中，成为中国共产党向世界传播与介绍自身执政理念和发展道路的重要载体，但细观这些蕴含着中国革命和现代化建设思想和行动的政治理念，其对外宣介绝非简单的语言转化问题。目前我们所精心构建、字斟句酌的对外话语表述，在许多情况下收效不佳；有时，我们的表述甚至会让西方受众产生新的困惑与问题，也会容易成为西方媒体垢病的对象，进而加深西方世界对中国理念的误判和误解。像"基层干部"这样被时代赋予新的意义的政治词汇，其英译在近期也是激发了本文作者的几分思考，"基层""干部""基层干部"究竟是何意？目前，对外宣传与翻译过程中又出现了哪些译法？如何正确表述才能准确传达中文表述而不引发西方受众的迷惑、避免落入窠臼？目前是否有可优化的译法作为参考？本文将一一探讨这些问题。

一、"基层""干部"与"基层干部"

要想正确理解"基层干部"的含义，必须先要理顺何为"基层"，何为"干部"，只有了解了"基层"和"干部"的内涵和外延意义方能理解"基层干部"的真正含义，进而探讨其恰当的英译表达。"基层"顾名思义指最底层；各个组织汇总最靠下的一层，表示和人民群众密切联系、相关的一层（词典网，2021）。"基层组织"是指企业、农村、机关、学校、科研院所、街道社区、社会组织、人民解放军连队和其他基层单位的基层委员会、党支部委员会、支部委员会，包括基础委员会经批准设立的纪律检查委员会（中国共产党新闻网，2012）。传统意义上的乡镇街道、农村社区，仍然是基层的重要组成部分。随着国家乡村振兴局的挂牌成立，我国的基层组织建设进入新阶段，新时代对于"基层"定义越来越宽泛。国家战略聚集的粤港澳大湾区、长三角地区、京津冀、雄安新区、东海跨海通道、浦东新区的写字楼、直接服务群众的直辖市街道社区、航空航天基地、深潜基地这些承载国家战略、决定中国未来的都是基层（胡言远，2021）。由此窥见一斑，"基层"起源于群众，虽位于组织结构中下层，但目前时代已赋予基层新的意义,"基层"定义正在逐步扩大,"基层"的干部队伍成分也日渐复杂化。

基于"基层"定义的复杂性,再来对"干部"这一术语一探究竟。细查"干部"一词更是"身份"可疑、复杂多样。《领导干部词典》(向洪、薛斌,1992:379)指出,广义的"干部"包括各级领导和各方面的工作骨干,"干部"不同于群众,是群众和党员中的骨干。《现代劳动关系词典》(苑茜等,2000:892)指明,干部需以脑力劳动为主和承担一定领导工作、组织管理工作的性质和特点。《中国百科大辞典》(袁世全,1992:379)追踪"干部",此词源于拉丁文"cadre",后转入英语、法语和俄语中。外语中原指框架、骨干,二十世纪初用于指企事业乃至政府中的工作人员。中国共产党历来将自己的骨干叫干部,解放后,按习惯把在党政机关、军队、企事业单位以及各人民团体中的公职人员(士兵、勤杂人员除外)叫干部,有时专指担任一定领导工作或管理工作的人员。后中共十三大报告中指出:中国的干部人事制度存在缺陷、"国家干部"这个概念太笼统,缺乏科学分类。但综合以上的"干部"定义,毋容置疑,"干部"既有党员领导干部,也有群众身份的非党员领导"干部",且新时代"干部"的所指意义不断扩大,干部成分越来越多元,从前不包括士兵,现在退伍军人也可以成为"干部"的一分子。

查阅中国知网CNKI的工具书库得到若干"基层干部"的定义,其一,出现在《新语词大辞典》(韩明安,1991:777)中,"基层干部"指负责基层工作,职务低的干部。我国干部队伍一般分为基层干部、中层干部和高干三个部分。其二,出现在《中国共产党建设大辞典》(万福义,2001:1279),"基层干部是指(1)在国家机关、党群机关和军队的基层组织中工作的干部,如基层党委书记、支部书记、乡(镇)长、村长、军队的连长、排长等。(2)党、政、群机关的科级以下干部,如正副科长、正副主任科员、科员、办事员等。"其三,出现在《100年汉语新词新语大辞典(中册)》(宋子然,2014:473),"基层干部指在基层工作、与群众联系最直接的干部,处于各种组织中最低一层。我国干部队伍一般分为基层干部、中层干部和高层干部三部分,基层干部包括国家政府机构中的乡长、镇长、党组织内的车间支部书记、村支部书记等。"虽然各说法复杂,但综合以上"基层干部"与"干部"的本质特征可归纳出基层干部应该是在国家机关、党群机关、军队的最基层组织工作与群众联系最直接的干部,其身份可以是基层"党员身份的领导干部"(人民网,2015),也可是群众身份非党员的领导干部。

二、"基层干部"的"译起"

截至目前,各主流媒体、网站、书籍等相关文献中"基层干部"的英译还未统一。新华网(2019)近期刊登了文章,提到"中共中央办公厅印发《关于解决形式主义突出问题为基层减负的通知》……基层干部有了轻装上阵的盼头"。新华网(2019)英文网站也发表了新闻标题和导语为"China Focus: Decision to ease burdens cheers up primary-level officials"(聚焦中国:基层干部减负振奋人心)和"Chinese primary-level officials can expect fewer documents, shorter meetings and more time spent on practical work this year"的相关对外报道,文中"基层"译为"primary-level authorities"(Xinhua, 2019)。

又见共产党员网(2019)一则报道,文中说,"2月1日,中共中央总书记、国家主席、中央军委主席习近平在北京看望慰问基层干部群众……在前门东区草厂四条胡同给大家拜年,并向全国各族人民致以新春祝福"。中国青年网网站转载此文,其英译如下:

> Chinese president Xi Jinping, also general secretary of the Communist Party of China Central Committee and chairman of the Central Military Commission, visits a small restaurant inside a hutong in Qianmen area in central Beijing, capital of China, Feb 1, 2019. President Xi Jinping visited residents and primary-level officials in Beijing and extended Lunar New Year greetings to Chinese people of all ethnic groups. (Youth.cn, 2019)

其中正文部分又将"基层干部"译为"primary-level cadres",如下所示:

> President Xi Jinping on Friday visited Beijing's primary-level cadres and residents in downtown neighborhoods ahead of the Spring Festival and extended Lunar New Year greetings to Chinese people of all ethnic groups. (China Daily, 2019)

"基层干部"的译法的确值得细查,另有其他译法如下所示:

> We improved the system for staying connected with local communities on legislative matters, and on eight occasions organized activities to solicit comments on

seven draft laws from the general public and officials at the community level.（中国网，2017）

We will set up a sound mechanism of incentives, solicitude and assistance in the Party to show concern for cadres at the primary level, for elderly Party members and for those who live in straitened circumstances.（十七大报告，2007）

Party organizations at every level should care about officials working at the primary level, and help solve the problems and difficulties they encounter.（十九大报告多语种平台查询，2019）

Mistakes of authoritarianism are more glaring among the grass-roots Party organizations and their cadres, but mistakes of this kind in the lower organizations are often inseparable from the subjectivist and bureaucratic methods of leadership employed by the leading bodies above them (The Bureau For the Compilation and Translation of Works of Marx, Engels, Lenin and Stalin Under the Central committee of the Communist Party of China, 1995:226）

To establish and improve grass-roots organizations, we should have cadres at the grass-roots level. (The Bureau For the Compilation and Translation of Works of Marx, Engels, Lenin and Stalin Under the Central committee of the Communist Party of China, 1995: 293）

《汉英词典》（姚小平，1995：447）和《汉英翻译大词典》（吴文智、钱厚生，2016：706）所列"基层干部"英译都为 cadre at the basic（grass-roots）level。

三、"基层干部"的"译鉴"

"基层干部"各大媒体译法形式多样，不由让人深思如此众多的译法是否都是妥当的译法，是否存在招致歧义、陷入西方垢弊的现象。先从"primary"谈起。"primary"能否对应中文"基层"呢？查阅目前最为权威的《牛津英语在线词典》，"primary"形容词的用法（OED，2000）如下：（1）指时间上最初的，如"primary phase"；最早的，如"primary cause"。（2）主要的；最重要的级别、最高的，如"primary concern"。（3）根本的，如"primary reason"。（4）与教育搭配使用译为"小学教育、初级教育"，如"primary schools/primary education/primary-level"。在政治学中的用法即"primary election"指初选，医疗卫生领域中"primary care"指初级医疗，相当于中国的社区医疗单位。当然"primary"还有在化学、生物学、解剖学、天文学、哲学等专业领域的用法，但都与"初级"并无关系。所以"primary-level cadres/officials"中"primary"用在此处似乎凸显了高高在上的干部官员形象，与"基层干部"本意大相径庭。笔者又对COCA语料库进行搜索，发现"Primary-level"词频数共计19次，其搭配分别是"primary-level students/teachers/education/intervention/factors"，均指小学及初级的含义（COCA，2019）。据此，"primary"不可任性扩大到各大行业，想当然地去描述"基层"工作者，自然"primary-level cadres/officials"似有语焉不详之嫌，也就不是"基层干部"对应的概念意义了。

接下来再探讨一下"grassroots"。"grassroots"对应汉语的"草根"（roots of grass plants），早期用法中还可指代地球表层，通常以复数形式出现，如：Water weekly... This practice encourages the grass roots to search for moisture deep in the soil and conserves water.OED, 2000）。其第二层含义即以复数形式呈现的修辞含义，是目前此词的引申义，具体包含两种用法。其一，指代构成某一组织或企业的普通民众，或社会普通民众特别是政治团体、社会组织的普通成员或普通选举人，如：These delegates must represent the grass roots of their parties as well as other voters if they are going to succeed in the electoral wars（OED，2000）。其二，指代某一事物的起源或是根基，现在主要指一个组织、一个企业或是社会的基层，如：What we have here is a textbook illustration of direct democracy at the grass roots（OED，2000）。与第二层含义紧密相关的复合词的用法，可以单数形式"grass root"作定语使用，也可以复数形式"grass-roots"作定语使用，例如：

The network of community and family healthy workers has been vital as grass-roots level workers in the islands delivering primary healthcare.（UN, 2010）

…at the country level and poverty-related issues at the grass-roots level, so as to better link our sectoral programs to…（UNESCO, 2009）

The self-governing congregation is a unique element in English 'grass-root' democracy.（Elliott, 2011）

Therefore, it is of paramount importance that those in authority work in close collaboration with non-governmental organizations who often work directly and know the problems of the people at the grassroot level.（OED, 2000）

The local legislatures choose members every five years in elections that the government hails as an exercise in grass-roots democracy. Xinhua reports that up to 900 million voters would choose two million legislators for offices that roughly correspond to American city councils. (Wines, 2011)

Grass-roots cadres should do practical things for the people. (People's Daily Online, 2021)

President Muhammadu Buhari has been advised to evolve means of implementing anti-graft war at the grassroots levels in order to completely stamp out the menace across the country. (Faturoti, 2019)

John Delaney receives lavish praise from grassroots officials (Malone, 2019)

[…] to law enforcement and judicial officials, as well as grassroots officials, to detect signs of torture or ill-treatment. (UN, 2011)

从上述国内外媒体及其新闻报道中可见,"officials at grass-roots level"及"grass-roots officials"都准确对应英文中"基层干部"的含义。Sperber & Wilson(2001: 270)曾就最大关联性和最佳关联性发表观点,指出语言交际中最大关联性是听话者在理解话语时付出最小的努力而收获最佳的语境效果,所以"舶来品"能够达到原语和译语的最佳关联是为上上策。再来看"cadre"的含义。《牛津在线英语大辞典》显示其一指框架、基础结构,二用于军事指常设机构、组成部队团的主要成分,词条三特别指明"干部":"cadre"在中国是中国共产党、政府或者部队机关任职的官员或公职人员,也可广泛指在地方组织或者学校任领导职位的人(OED, 2000)。"cadre"对应汉语的"党员干部"的词条含义已经入选《牛津英语词典》。查阅美国当代语料库COCA,"cadre"共出现1238次,除去888次"a cadre of"表示"一群,一支,一批"的词组用法,其他使用频次仅剩下350次(COCA, 2019),其中"cadre"表示"干部"的用法则更少了。中国色彩浓郁的"cadre"在美语的各大媒体中已渐渐淡出人们的视野。

语言是文化的载体,词语反映一个时代的精神风貌,反映社会文化的变迁和发展。翻阅史料,"cadre"在新中国成立之初直至改革开放后二十年频频出现在《毛泽东选集》《邓小平文选》《北京周报》《今日中国》等各类书籍杂志中。近些年来,随着我国对外宣传工作日渐与国际接轨,对外政治话语的宣传更注重术语表达的有效性,"official"逐步取代"cadre",足以证明这些变化在语言中的折射,也体现了对外政治话语翻译规范的嬗变。从其对立面来讲,这个传承且饱含中国色彩的"cadre"倒是可用来指代"党员干部"这一概念,所以"基层党员干部"需要亮明身份的话用"cadre"就一目了然了,但是若是群众身份的"干部"还是建议用"official"来通指则更好,毕竟我们的干部是多种身份组成,不局限在"党员干部"这一类别。上文中提到的习主席慰问基层干部的消息实际上是慰问所有的工作人员("personnel")(中国翻译研究院,2019),未必单指"党员干部",针对语境,译成

"cadre"或者是"official"是不妥的。上文中还提到 2017 年全国人大常委工作汇报将"基层干部"译为"officials at the community level"(社区干部),更是缩小了"干部"的范围,也是不可取的。

四、"基层干部"的"译落"

"宰相必起于州部,猛将必发于卒伍"。鉴于新时代赋予"基层"概念的新意义和干部成分的复杂化和多样化,甚至退伍军人也走向基层,不断地充实了"干部"队伍组成结构。"基层干部"除了上述所说"grass-roots officials/cadres",其实与"草根"(grass-roots)紧密联系的"群众(rank-and-file)"也是"基层"的含义。《21世纪大英汉词典》(李华驹,2002:1787)及《ENCARTA 英汉双解大辞典》(官齐等,2012:1596)中所列"rank and file"的词条指出此词意指:1. 普通士兵;2.(政党、团体等的)一般群众;3. 平民百姓,同时"rank-and-file"也可拿来做形容词。从构词来讲"rank"加"file"生动呈现出按行列整齐站位的普罗大众、士兵队伍的形象,同时也能凸显干部成分多样化的特征。

其更多用法如下所示:

In Southern Sudan, more than 300 SPLM members have registered to run as independent candidates, asserting that the SPLM internal candidate selection procedures ignored the party's rank-and-file. (UN Security Council, 2010)

Encourage and enable conflict parties to inform and consult with their constituencies, including the rank and file, during the mediation process. (UN General Assembly, 2012)

…servants in the disciplined grades in the disciplined services departments[2] (mainly the rank-and-file and middle-ranking officers) is taken in accordance with the specific provisions in the relevant… (Legco.gov, 2009)

John Heney: Brexit isn't the only fine mess that's facing rank-and-file beef farmers (Heney, 2019)

As Prime Minister Theresa May tries to forge a Brexit compromise with Labour leader Jeremy Corbyn, rank-and-file lawmakers are trying to find a way to avert their worst-case scenario of a no-deal Brexit. (Shankleman & Hutton, 2019)

Democratic leaders and rank and file Democrats are all saying the same thing:

this has to happen and soon. (Strauss, 2021)

In a hearing Thursday, an attorney for the city brought up witnesses who described how Acevedo had offended rank and file officers with his abrasive approach. (Merriam-webster, 2021)

而笔者也提议，可使用"hoi polloi"一词作为创新。"hoi polloi"来自希腊语，意为"民众"。"hoi"这个词本身在英语中意思是"the"，但是人们也常用"the hoi polloi"。此词源自于古雅典的政治家伯里克利的演说，有时用于表达伯里克利的民主思想，用于褒义（Merriam-webster, 2021）。

hoi polloi 的最新用法举隅如下：

This has become something of a pundit subgenre after some similar encounters at restaurants went down during the Trump era, spawning talk of whether the hoi polloi needed an authoritative guide on how to interact with their betters in public. (Linkins, 2021)

The New York club scene was markedly different in the early 1990s-VIP sections were rare, and stars rubbed elbows with the hoi polloi. (Leight, 2021)

以上实例显示，外媒用"rank-and-file"来指代"基层"还是很常见的，而"hoi polloi"（普通民众），其词源来自古典政治家的修辞话语也非常适用于"基层"的隐喻意义。鉴于"基层"的概念范围逐步扩大，已不局限于最初的乡镇、农村，在外宣翻译过程中，为了达到预期的交际效果，译者可根据受众的文化传统等因素，通过改写甚至重组的方式"背叛"原文（张健，2013:46-47）。基于此，我们追求语言上更地道的外文表达，文化上更接近西方受众，同时也凸显其意象特征。上文"基层干部"的定义提及基层干部就是源于普通大众、与最底层群众联系最直接的干部，处于各种组织中最低一层。不论是"rank-and-file officials"还是"hoi polloi leader"都既新奇又生动，立刻抓住读者的注意力，与"基层干部"的译入语的语义和文化内涵以及历史渊源都贴切吻合，值得推荐。

结语

综上所述，"基层干部"，境内英语媒体的表述不尽相同，诸如"primary-level

official"之类的译文，其存在的现象比较普遍，似有语焉不详之嫌，未必就是"基层干部"对应的语义。文无第一，翻译难为，有时候就得较真。从小来讲，只是词语翻译的错误；从大来讲，可能会被境外媒体利用，造成严重后果。面对中国对外政治话语体系的建设的目标和要求，"基层干部"这样的政治术语翻译要经得起各方考验才能走出中国，因此建议译介时采用国外媒体常用的"official at grassroots level/grassroots official"为最佳译法，也可尝试用"rank-and-file official""hoi polloi leader"的灵活译法。值得一提的是，面对这样的特殊词汇，译者要探究政治词汇内涵和外延及恰当的翻译方法，准确传达之后才能去谈政治话语在译语中的接受效果。

[**基金项目**]本文为绍兴文理学院校级重大课题"'同一'修辞视域下政治话语英译语言行为修辞特征比较研究"（项目编号：2020SK002）阶段性研究成果和绍兴文理学院科研启动基金项目（项目编号：20206029）阶段性研究成果。

【参考文献】

[1] COCA. Cadre [EB/OL]. 检索日期：2021年10月12日．网址：https://www.english-corpora.org/coca/.

[2] Elliott, A. The Man Behind the Anti-Shariah Movement [EB/OL]. 检索日期：2021年10月12日．网址：https://www.nytimes.com/2011/07/31/us/31shariah.html.

[3] Faturoti, G. Adeniran To Buhari: Corruption Can Only Be Tackled from Grassroots [EB/OL]. 检索日期：2021年10月12日．网址：https://www.independent.ng/adeniran-to-buhari-corruption-can-only-be-tackled-from-grassroots.

[4] Heney, J. Brexit isn't the only fine mess that's facing rank-and-file beef farmers [EB/OL]. 检索日期：2021年10月12日．网址：https://www.independent.ie/business/farming/beef/john-heney-brexit-isnt-the-only-fine-mess-thats-facing-rank-and-file-beef-farmers-37971597.html.

[5] LEGCO.GOV. Panel on Public Service Meeting on 20 April 2009 [EB/OL]. 检索日期：2021年10月12日．网址：https://www.legco.gov.hk/yr08-09/chinese/panels/ps/papers/ps0420cb1-1297-c.pdf.

[6] Leight, E. Rolling stone [EB/OL]. 检索日期：2021年11月14日．网址：https://www.merriam-webster.com/dictionary/hoi%20polloi.

[7] Linkins. The New Republic [EB/OL]. 检索日期：2021年11月14日．网址：https://www.merriam-webster.com/dictionary/hoi%20polloi.

[8] Malone, E. John Delaney receives lavish praise from grassroots officials [EB/OL]. 检索

日期：2021 年 11 月 12 日．网址：https://www.irishtimes.com/sport/other-sports/john-delaney-receives-lavish-praise-from-grassroots-officials-1.3842346.

[9] Merriam-webster [EB/OL]．检索日期：2021 年 11 月 14 日．网址：https://www.merriam-webster.com/dictionary/rank%20and%20file.

[10] OED. cadre [EB/OL]．检索日期：2020 年 10 月 12 日．网址：http://www.oed.com/view/Entry/25986?redirectedFrom=cadre#eid.

[11] OED. grass-roots [EB/OL]．检索日期：2020 年 10 月 11 日．网址：http://www.oed.com/view/Entry/80912?redirectedFrom=grassroots#eid.

[12] OED. primary [EB/OL]．检索日期：2020 年 10 月 12 日．网址：http://www.oed.com/view/Entry/151280?rskey=66Pz9t&result=1#eid.

[13] Shankleman, J. & HUTTON, R. Parliament is Still Trying to Take Control of Brexit [EB/OL]．检索日期：2020 年 10 月 12 日．网址：https://www.bloomberg.com/news/articles/2019-04-03/parliament-is-still-trying-to-take-control-of-brexit-here-s-how.

[14] Sperber & Wilson. Relevance: Communication and Cognition [M]. Beijing: Beijing Foreign Language Teaching and Research Press, 2001.

[15] Strauss, D. The New Republic [EB/OL]．检索日期：2021 年 11 月 14 日．网址：https://www.merriam-webster.com/dictionary/rank%20and%20file.

[16] THE BUREAU FOR THE COMPILATION AND TRANSLATION OF WORKS OF MARX, ENGELS, LENIN AND STALIN UNDER THE CENTRAL COMMITTEE OF THE COMMUNIST PARTY OF CHINA. SELECTED WORKS OF DENG XIAOPING Volume1(1938—1965) [M]. Beijing: Foreign Language Press: 1995, pp. 226-293.

[17] UN GENERAL ASSEMBLY. Strengthening the role of mediation in the peaceful settlement of disputes, conflict prevention and resolution Report of the Secretary-Genera [EB/OL]．检索日期：2020 年 10 月 12 日．网址：https://documents-dds-ny.un.org/doc/UNDOC/GEN/N10/299/70/PDF/N1029970.pdf?OpenElement.

[18] UN. Convention against Torture and Other Cruel, Inhuman or Degrading Treatment or Punishment [EB/OL]．检索日期：2019 年 10 月 12 日．网址：https://documentsddsny.un.org/doc/UNDOC/GEN/G11/408/42/PDF/G1140842.pdf?OpenElement.

[19] UN. Measures to eliminate international terrorism Report of the Secretary-General [EB/OL]．检索日期：2019 年 10 月 11 日．网址：https://documentsddsny.un.org/doc/UNDOC/GEN/N10/465/93/PDF/N1046593.pdf?OpenElement.

[20] UN SECURITY COUNCIL. Report of the Secretary-General on the United Nations Mission in the Sudan [EB/OL]．检索日期：2019 年 10 月 22 日．网址：https://documents-dds-ny.un.org/doc/UNDOC/GEN/N10/299/70/PDF/N1029970.pdf?OpenElement.

[21] UNESCO. Report by the Director-General on the implementation of the Programme and Budget (34C/5) and on results achieved in the previous Biennium (2008—2009) (Draft36C/3) [EB/OL]．检索日期：2019 年 10 月 22 日．网址：https://unesdoc.unesco.org/ark:/48223/pf0000187379.

[22] WINES, Michael. China Appears to Be Moving to Halt Grass-Roots Candidates [EB/OL]. 检索日期：2019 年 10 月 22 日．网址：https://www.nytimes.com/2011/06/10/world/asia/10china.html.

[23] XINHUA NET. China Focus: Decision to ease burdens cheers up primary-level officials [EB/OL]. 检索日期：2019 年 10 月 22 日．网址：http://www.xinhuanet.com/english/2019-03/16/c_137899844.htm.

[24] XINHUA NET. CPC issues new work rules on rural primary-level organizations [EB/OL]. 检索日期：2019 年 10 月 22 日．网址：http://www.xinhuanet.com/english/2019-01/10/c_137734209.htm__.

[25] YOUTH.CN. CPC issues new work rules on rural primary-level organizations [EB/OL]. 检索日期：2022 年 5 月 11 日．网址：http://en.youth.cn/RightNow/201902/t20190202_11862029.htm.

[26] 词典网．基层 [EB/OL]．检索日期：2019 年 10 月 22 日．网址：https://www.cidian-wang.com/cd/j/jiceng176.htm.

[27] 共产党员网．习近平春节前夕在北京看望慰问基层干部群众 [EB/OL]．检索日期：2022 年 5 月 11 日．https://www.12371.cn/2019/02/02/ARTI1549061586170909_2.shtml.

[28] 官齐等，《ENCARTA 英汉双解大辞典》[M]．广州：世界图书出版社，2012：1596.

[29] 韩明安．新语词大辞典 [M]．哈尔滨：黑龙江人民出版社，1991：777.

[30] 胡言远．中国退役军人 [J]．2021（05）：52–53.

[31] 基层干部．十九大报告多语种对照查询平台 [EB/OL]．检索日期：2021 年 10 月 1 日．网址：http://document.shisu.edu.cn/home/.

[32] 李华驹．《21 世纪大英汉词典》[M]．北京：中国人民大学出版社，2002：1787.

[33] 人民网．中纪委详解"党员领导干部"范围 [EB/OL]．检索日期：2021 年 10 月 12 日．网址：http://politics.people.com.cn/n/2015/1126/c1001-27858472.html.

[34] 十七大报告 [EB/OL]．检索日期：2022 年 5 月 11 日．网址：http://www.chinadaily.com.cn/china/2007-10/25/content_6204663_12.htm.

[35] 宋子然．100 年汉语新词新语大辞典·中册 [M]．上海：上海辞书出版社，2014：473.

[36] 万福义．中国共产党建设大辞典 [M]．济南：山东人民出版社，2001：1279.

[37] 吴文智，钱厚生．汉英翻译大词典 [M]．上海：译林出版社，2016：706.

[38] 向洪，薛斌．领导干部字典 [M]．北京：电子科技大学出版社，1992：379.

[39] 姚小平．汉英词典 [M]．北京：外语教学与研究出版社，1995：447.

[40] 新华网．新华网评："源头治理"为基层减负 [EB/OL]．检索日期：2019 年 3 月 29 日．网址：http://www.xinhuanet.com/comments/2019-03/29/c_1124301320.htm.

[41] 袁世全．中国百科大辞典 [M]．北京：华夏出版社，1992：379.

[42] 苑茜，周冰，沈士仓等．现代劳动关系词典 [M]．北京：中国劳动社会保障出版社，2000.

[43] 张健. 外宣翻译导论 [M]. 北京：国防工业出版社，2013.

[44] 中国翻译研究院."基层干部"怎么说｜译世界 [EB/OL]. 检索日期：2021 年 11 月 12 日. 网址：http://www.catl.org.cn.

[45] 中国网：全国人大常委会工作报告（2017）[EB/OL]. 检索日期：2021 年 10 月 12 日. 网址：http://www.catl.org.cn/2017-03/22/content_40498344.htm.

On the Chinese-English Translation of Jicengganbu

Zhejiang University of Water Resources and Electric Power *Sun Yufeng*

Abstract: There is much room for discussion on the English translation of "Jicengganbu". Such expressions as primary-level official, primary-level cadre, official at the community level, official working at primary level, basic-level cadre, cadre at grass-roots level, the grass-roots cadre, cadre at the grassroots level are commonly seen in official media at home and abroad. Although "primary-level official" recurs, its connotation can't be equated with Chinese "Jicengganbu". The author argues that the term can be rendered as "official at the grassroots level" or "grassroots/hoi polloi/rank-and-file official/leader", and "Jicengdangyuanganbu" as "cadre at grass-roots level" or "grass-roots/hoi polloi/rank-and-file cadre". Translators have to take the term "Jicengganbu" seriously because the ambiguous rendition may heavily influence the effect of Chinese political discourse publicity.

Keywords: "Jiceng" Ganbu; Jicengganbu; English translation of "Jicengganbu"